ISBN 978-1-334-62440-7
PIBN 10773242

1 MONTH OF
FREE
READING

at

www.ForgottenBooks.com

By purchasing this book you are eligible for one month membership to ForgottenBooks.com, giving you unlimited access to our entire collection of over 700,000 titles via our web site and mobile apps.

To claim your free month visit:

www.forgottenbooks.com/free773242

EX EN

C R U E

DES VOYAGES

DANS L'AMÉRIQUE SEPTENTRIONALE

DE M. LE MARQUIS

DE CHATELLUX;

O U

LETTRE

A M. LE MARQUIS DE CHATELLUX

Dans laquelle on réfute principalement ses opinions sur les Quakers, sur les Negres, sur le Peuple & sur l'Homme.

PAR J. P. BRISSOT DE WARVILLE.

Je suis toujours pour les Persécutés.
SIDNEY.

A LONDRES.

---

1 7 8 6.

E R R · A T A.

Le Lecteur est prié de lire cet Errata avant de commencer l'Ouvrage.

Pag. 5 , lig. 9 , M. Benejet , *lisez* elle fut remplacée par M. Bénézet, vieux Quaker.

Ibid. lig. 11 , peut être regardé , *lisez ce* M. Bénézet peut être regardé.

Pag. 12 , lig. 8 , Voltaire qui les a ridiculisés , quoiqu'il les connût peu , *lisez* Voltaire qui les a ridiculisés & loués tour à tour.

Pag. 35 , dernier alinea , vous eussiez sur-tout évité , *lisez* si vous eussiez réfléchi qu'il n'est point de Sexe , aux yeux de l'Éternel , vous eussiez évité , &c.

Pag. 51 , note 16 , il parle quelquefois éloge , *lisez* avec éloge.

EXAMEN
CRITIQUE
DES VOYAGES
DANS L'AMÉRIQUE SEPTENTRIONALE,
DE M. LE MARQUIS
DE CHATELLUX.

VOS Voyages paroissent à peine, Monsieur, que je me hâte de vous témoigner l'impression douloureuse qu'ils m'ont faite, & de rendre ce témoignage public. J'en ai une raison bien pressante ; ils contiennent dans plusieurs endroits des erreurs, ou même, j'oserai le dire, un poison, qui, sous un nom comme le vôtre, doit circuler avec rapidité ; & l'on ne peut trop tôt en prévenir les effets.

A

Un poifon ! Ce mot vous étonnera ; mais il caractérife avec trop de précifion ce que vous avez avancé fur les Quakers , fur les Negres & fur le Peuple, pour que je le fupprime ou l'adoucifle. ── En décriant les premiers, vous pouvez nuire au bien que leur *faint* exemple produit ; en refufant aux feconds le titre d'homme, vous autorifez finon à verfer leur fang , au moins à les traiter en bêtes de fomme ; vous arrêtez l'effet de la commotion philofophique qui va fans doute produire leur affranchiflement univerfel. En aviliffant le Peuple, vous engagez à refferrer fes fers par tout où il en porte. Voilà de grands intérêts. Ils me juftifieront aux yeux du Public , d'avoir pris la plume fi précipitamment ; ils me juftifieront à vos yeux même, de l'avoir prife contre vous ; votre raifon plaidera fans doute pour moi contre votre efprit, & vous me pardonnerez d'avoir publié des vérités, peut-être défagréables pour vous, lorfque je vous aurai convaincu que ces vérités font utiles au Public , & que je ne pouvois les laiffer dans l'oubli. *Amicus Plato , magis amica veritas ;* cet axiome doit être une loi facrée pour tous les Écrivains qui font vraiment guidés par le bien Public.

Je ne prétends point faire ici la cenfure géné-rale de vos Voyages. Je laiffe , par exemple, aux Journaliftes le foin d'apprécier votre ftyle.

Je cours au mal qu'ils peuvent faire , & je m'inquiéte peu *du bien dit.*

' J'euffe defiré , je vous l'avoue , moins d'inquié-
tudes en vous, fur les mauvais foupers que vous
pouviez faire en Amérique , moins de plaifir à
en faire un bon , moins d'exactitude à nous en
détailler tous les plats. Ce n'eft pas le Journal
d'un Apicius , mais d'un Philofophe , d'un homme
d'État qu'on efpere de lire , quand on voit à la tête
le nom de l'Auteur *de la Félicité Publique* (2).
J'euffe defiré que votre œil obfervateur ne fe fût
pas circonfcrit aux Auberges , que vous n'euffiez
pas facrifié nos amis les Américains au plaifir de
lâcher un bon mot. Hélas ! que diront-ils fur tout
ceux que vous outragez , quand ils vous liront ?
Et comment l'hofpitalité nous ouvrira-t-elle défor-
mais fes portes , lorfqu'elle verra fes fecrets vio-
lés , & les épanchémens de l'intimité ridiculifés
par un homme décoré de tant de titres ? Quelle
confiance un François obfcur pourra-t-il leur infpirer ? Quand il s'en préfentera , l'Américain lui
dira : venez-vous auffi épier nos ridicules pour les
publier au-delà des mers.

Vos confreres les Académiciens ont beaucoup

_____

(2) Excellent Traité , à quelques erreurs près,
de M. le Marquis de Chatellux , auquel j'ai rendu
hommage dans plufieurs de mes Ouvrages,

crié contre Rousseau, levant aux yeux du Public le voile qui couvroit sa bienfaitrice. Mais elle étoit dans la tombe; mais sa flétrissure, si c'en étoit une; ne réjaillissoit sur personne; mais l'intention pure excusoit le bon Jean-Jacques, toujours aux genoux de celle dont il outrageoit en apparence la mémoire. Avez-vous aucune de ces excuses à alléguer à ceux que vous avez livrés à la risée publique?

J'eusse encore desiré plus de profondeur dans vos recherches sur les effets des différentes constitutions Américaines. J'eussé desiré quelques détails sur le nombre des criminels, sur la nature des crimes les plus fréquens, sur les mœurs, leur différence dans les Villes, dans les Campagnes, dans les Bois, sur l'état des Finances, &c. J'eusse enfin desiré qu'au lieu d'injurier les démocraties, vous eussiez articulé des griefs & des faits bien prouvés. Mais ce n'est pas ici le lieu de discuter ces intéressans objets.

Les principaux griefs dont je vous accuse, se réduisent à trois:

1o. Vous avez calomnié & ridiculisé la Secte respectable des Quakers;

2o. Vous avez décrié les Negres;

3o. Vous avez décrié l'Homme & le Peuple.

Tels sont les trois grands chefs d'accusation que je porte contre vous au tribunal du Public. Après les avoir discutés, j'ajouterai quelques réflexions fur divers objets qui m'ont également paru fufceptibles de cenfure.

En les examinant, j'expoferai d'abord votre opinion, vos affertions, ma réfutation fuivra. Je commence par l'article des Quakers.

Juſtification des Quakers.

JE cite d'abord votre long paffage contre les Quakers, *remplacés par M. Bénénet vieux Qua*

« M. Benejet *par M. Bénénet*, dont la petite taille, la figure
» humble & *mefquine* faifoient un *parfait* contrafte
» avec celle de M. Pendelton, peut être regardé
» plutôt comme le modele que comme l'échan-
» tillon de la Secte des Quakers. Occupé uni-
» quement du bien des hommes, fa charité &
» fa générofité lui attirerent une grande confidé-
» ration dans des tems plus heureux où les vertus
» feules fuffifoient pour illuftrer un Citoyen.
» Maintenant le bruit des armes empêche d'en-
» tendre les foupirs de la charité, & l'amour de
» la Patrie a prévalu fur celui de l'humanité.
» Cependant Benejet exerce toujours fa bienfai-
» fance, il venoit me demander des éclairciffe-
» mens fur les nouvelles méthodes inventées en
» France pour rappeller les noyés à la vie ; je
» lui promis non - feulement de les lui envoyer
» de Neuport, mais de lui faire parvenir une
» boëte pareille à celles que notre Gouvernement
» a fait diftribuer dans les Ports de Mer. La

confiance s'étant établie entre nous ; nous vinmes à parler des malheurs de la Guerre, & il me dit : mon ami , je sais que tu es homme » de Lettres & Membre de l'Académie Françoise. » Les gens de Lettres ont écrit de bonnes choses » depuis quelque tems ; ils ont attaqué les erreurs » & les préjugés, l'intolérance sur-tout ; est-ce » qu'ils ne travailleront pas à dégoûter les hommes » de la Guerre , & à les faire vivre entr'eux » comme des freres ou des amis ? Tu ne te » trompes pas , lui répondis-je , lorsque tu fondes quelqu'espérance sur les progrès des lumieres de » la philosophie. Plusieurs mains actives travaillent » au grand édifice du bonheur Public ; mais inutilement s'occupera-t-on d'en achever quelques » parties , tant qu'il manquera par la base , & » cette base, tu l'as dit, est la paix générale. » Quant à l'intolérance & à la persécution , il » est vrai que ces deux ennemies du genre humain , ne sont pas encore liées par des chaînes » assez fortes ; mais je te dirai un mot à l'oreille , dont tu ne saisiras peut-être pas toute la force, » quoique tu saches très-bien le François : elles ne » sont plus à la mode : je les croirois même prêtes » à être anéanties sans quelques petites circonstances dont tu n'es pas instruit, c'est qu'on emprisonne quelquefois ceux qui les attaquent » & qu'on donne des abbayes de cent mille liv. » de rente à ceux qui les favorisent. Cent mille

» livres de rente , reprit Benejet , il y a là de
» quoi bâtir des Hôpitaux & établir des Manu-
» factures , c'eſt ſans doute l'uſage qu'ils font de
» leurs richeſſes. Non , mon ami, lui répondis-
» je , la perſécution a beſoin d'être ſoudoyée ,
» cependant il faut avouer qu'ils la payent aſſez
» mal , & que les plus magnifiques des perſécu-
» teurs ſe contentent de donner mille ou douze
» cens liv. de penſion à quelques Poëtes ſatyriques
» ou à quelques Journaliſtes ennemis des Lettres ,
» dont les ouvrages ſe liſent beaucoup & ſe
» vendent·très-peu. Mon ami , me dit le Quaker,
» c'eſt une étrange choſe que la perſécution , j'ai
» peine encore à croire ce qui m'eſt arrivé à moi-
» même. Mon pere étoit François & je ſuis né
» dans ton pays. Il y a maintenant ſoixante ans
» qu'il fut obligé de chercher un aſyle en An-
» gleterre , emmenant avec lui ſes enfans, le ſeul
» tréſor qu'il ait pu ſauver dans ſon malheur, la
» juſtice , ou ce que l'on appelle ainſi dans ta
» Patrie , le fit pendre en effigie , parce qu'il ex-
» pliquoit l'Évangile différemment que tes Prêtres.
» Mon pere ne fut gueres plus content de ceux de
» l'Angleterre ; il voulut s'éloigner de toute la hié-
» rarchie , & vint s'établir dans ce pays-ci , où
» j'ai mené une vie aſſez heureuſe juſqu'à ce que
» la Guerre ſe ſoit allumée. Il y a long-tems que
» j'ai oublié toutes les perſécutions que ma famille
» a éprouvées. J'aime ta Nation , parce qu'elle

» eſt douce & ſenſible, & pour toi, mon amı,
» je ſais que tu ſers l'humanité autant qu'il eſt
» en ton pouvoir. Quand tu ſeras en Europe,
» engage tes Confreres à te ſeconder, & en at-
» tendant, permets que je mette ſous ta pro-
» teſtion nos freres de Rhode Iſland ».

« Alors il me recommanda en détail les Quakers
» qui habitent cet État, & qui ne laiſſent pas
» d'être en grand nombre; puis il prit congé de
» moi en me demandant la permiſſion de m'en-
» voyer quelques Pamphlets *de ſa façon*, la
» plupart faiſant l'apologie de ſa Seſte. *Je l'aſſurai*
que je les lirois avec grand plaiſir, & il ne
» manqua pas de me les envoyer le lendemain
» matin »,

« De quelque ſeſte que ſoit un homme brû-
» lant de zele & d'amour pour l'humanité, c'eſt,
» il n'en faut pas douter, un être reſpeſtable; mais
» j'avouerai qu'il eſt difficile de faire réfléchir ſur
» la Seſte en général, l'eſtime qu'on ne peut
» refuſer à quelques individus. La loi, que plu-
» ſieurs d'entr'eux obſervent, de ne dire ni *vous*,
» ni *Monſieur*, *eſt loin de leur donner un ton de*
» *ſimplicité & de candeur*. Je ne ſais ſi c'eſt pour
» compenſer cette eſpece de ruſticité, qu'ils ont
» ſouvent un ton *mielleux & patelin* qui eſt tout-
» à-fait *jéſuitique*. Leur conduite ne dément pas
» non plus cette reſſemblance. Couvrant du man-
» teau de la Religion *leur indifférence pour le bien*

» *public ;* ils épargnent le fang, il eſt vrai, *fur-*
» *tout le leur ;* mais ils *excroquent* l'argent des
» deux partis, & cela *fans aucune pudeur* & fans
» aucun ménagement. C'eſt une opinion reçue
» dans le Commerce, qu'il faut fe défier d'eux,
» & cette opinion eſt fondée, elle le fera encore
» davan·age. En effet, rien ne peut être pis que
» l'enthouſiaſme dans ſa décadence ; car que
» peut-on lui ſubſtituer, fi ce n'eſt l'hypocriſie.
» Ce monſtre, fi connu en Europe, ne trouve
» que trop d'accès dans toutes les Religions.

» Le Dimanche 10, j'avois réſolu de faire *un*
» *cours de cultes & d'Églifes.* Malheureuſement les
» différentes Sectes qui ne s'accordent fur aucun
» autre point, ont pris la même heure pour aſſem-
» bler les Fideles. Ainſi je ne pus voir dans la
» matinée que l'aſſemblée des Quakers, & dans
» l'après-midi, que celle des Anglicans. La Salle
» où les Quakers fe réuniſſent, eſt quarrée ; il y
» a de tous les côtés, & parallelement aux quatre
» murs ; des bans & des prie-dieu ; de forte qu'on
» eſt placé les uns vis-à-vis des autres, fans
» Autel ni Chaire, qui fixent l'attention. Lorf-
» qu'on s'aſſemble, quelqu'ancien fait une priere
» *impromptu,* & telle qu'elle lui vient dans l'ef-
» prit ; puis on garde le filence, juſqu'à ce qu'un
» homme ou une femme foit inſpirée & fe leve
» pour parler. Il faut croire les Voyageurs fur
» leur parole, quelqu'extraordinaires que foient

» leurs récits. Comme l'Ariofte, je raconterai des
» prodiges, *dirò maraviglie ;* mais il eft fûr que
» j'arrivai dans le moment où une femme venoit
» de fe taire. Un homme la remplace & parle *fort*
» *bétement fur la grace intérieure, l'illumination*
» *qui vient de l'efprit,* & tous les autres dogmes
» de fa fecte qu'il rabacha beaucoup & fe garda
» bien d'expliquer ; enfin fon Difcours finit au
» grand contentement des freres & des fœurs,
» qui avoient tous l'air d'être diftrait & ennuyé.
» Après un demi-quart-d'heure de filence, un
» vieillard fe mit à genoux, & nous débita *une*
» *fort plate priere,* après laquelle il congédia l'Au-
» ditoire.

» En fortant de cette *trifte & agrefte* Affem-
» blée, le fervice des Anglicans me parut une
» efpece *d'Opéra,* tant pour la mufique que pour
» les décorations : une *belle* chaire placée devant
» un *bel* orgue; un *beau* Miniftre dans cette chaire,
» lifant, parlant, chantant *avec une grace toute*
» *théâtrale ;* des jeunes femmes répondant mélo-
» dieufement *du parterre & des loges ;* un chant
» doux & agréable, alterné par de très-bonnes
» fonates jouées fur l'orgue, tout cela comparé
» aux Quakers, aux Anabaptiftes, aux Presbyté-
» riens, &c. me paroiffoit plutôt un petit Paradis
» que le chemin du Paradis. Cependant, fi l'on
» confidere tant de Sectes différentes, ou féve-
» res, ou frivoles, mais toutes impérieufes, toutes

» excluſives, on croit voir les hommes lire dans
» le grand Livre de la Nature, *comme Montauciel*
» *dans ſon Livre.* On a écrit : *vous êtes un blanc*
» *bec,* & il lit toujours *trompette bleſſée.* Sur un
» million de chances, il n'en exiſte pas une pour
» qu'il devine une ligne d'écriture, ſans ſavoir
» épeler ſes lettres ; toutefois s'il vient à implorer
» votre ſecours, gardez-vous de l'accorder ; il
» vaut mieux le laiſſer dans l'erreur, que de ſe
» couper la gorge avec lui ».

Tel eſt l'article le plus violent de vos voyages
contre les Quakers. Vous leur lancez encore quelques traits ailleurs ; mais ils ne méritent pas d'être
cités.

Avant d'entrer dans les détails que néceſſite la
cenſure de cette diatribe, j'oſerai vous demander,
Monſieur, quels ſont les faits, les livres, les
hommes d'après leſquels vous prononcez ſi leſte-
ment la condamnation de cette Secte. Avez-vous
connu beaucoup de Quakers, la généralité des
Quakers ? Avez-vous long-temps vécu dans leur
intime familiarité ? Pouvez-vous les juger *tous*, &
ſavoir ce que *tous* valent, pour avoir aſſiſté à
une ſeule de leurs Aſſemblées ? ou pour avoir, en
paſſant, converſé avec l'un d'eux ? ou pour avoir
été introduit chez un autre qui ne daigna pas vous
regarder ? Quand vous êtes entré dans cette Aſſemblée Religieuſe, quand vous avez jugé le diſcours
ou la priere qu'on prononçoit, étiez-vous dans

la difpofition d'efprit que doit avoir tout homme
qui recherche fincérement la vérité ? N'aviez-vous
aucune prévention contre les Quakers? Votre
érudition théâtrale qui vous rappelloit des per-
fiflages , & le perfiflage eft une argument fi
puiffant fur l'efprit des François; cette érudition,
dis-je , n'étendoit-elle pas un voile fur votre efprit ? Voltaire qui les a ridiculifés , quoiqu'il les
connût peu , ne vous avoit-il pas infpiré les mêmes
préjugés contr'eux ? Enfin vos opinions morales
& religieufes , votre efprit académique , militaire
& de qualité , ce triple efprit de corps , que
cette Secte détefte avec raifon, ne vous rendoient-
ils pas d'avance un témoin fufpect & un juge
partial ?

, Eh ! pourquoi avez-vous, en les jugeant, aban-
donné ces principes qui doivent guider un juge ?
Pour être fondé à refufer fon eftime à un individu,
il faut ou l'avoir pris fur le fait, violant l'honneur
ou la probité , ou avoir des témoignages authentiques & défintéreffés fur fon délit ; des oui-dires
vagues ne peuvent jamais fuffire.

Pour condamner un Corps, une Société qui
exifte depuis long-tems, pour l'accufer de friponnerie , d'égoïfme , d'hypocrifie , il faut avoir une
chaîne de faits bien conftatés , de faits d'autant
plus certains que l'accufation eft plus grave , &
qu'elle frappe plus de perfonnes.

Ainfi , quand on a dit que les Catholiques

avoient été perfécuteurs , on pouvoit citer les Autos-da-fé , l'Inquifition , la St. Barthelemi , le maffacre d'Irlande , &c. Quand on a dit que le vieux Puritanifme avoit été perfécuteur , on pouvoit citer les Scénes de fang qui fignalerent la révolution de 1650 en Angleterre , & la perfécution qu'il excita dans le nouveau monde. Quand on a dit que les Jéfuites étoient ambitieux , intriguans , perfécuteurs , on pouvoit citer leurs manœuvres éternelles en Angleterre , en France, la deftruc-tion de Port-Royal , & tant de Lettres de cachet avec lefquelles ils ont fait périr dans les prifons fecretes une foule de victimes qui n'avoient d'autre tort que de ne pas penfer comme eux. Voilà des faits bien prouvés.

Mais vous , Monfieur , quels faits femblables pouvez-vous oppofer aux Quakers ? Vous n'en citez pas un feul. Loin delà , vous ne citez que des faits à leur avantage ; car j'aurai quelquefois le plaifir de vous fermer la bouche par vos propres paroles.

Mais de ce feul point que vous n'avancez au-cun délit pofitif contre les Quakers, de ce feul point que vous n'appuyez votre jugement que fur des oui dire , des affertions vagues, je conclus que vous n'avez aucune preuve des vices & des crimes que vous leur reprochez , je conclus que vous les avez jugés injuftement.

Je ne me bornerai pas à ce raifonnement général ;

je veux vous fuivre pas à pas. Il me femble qu'on peut réduire à trois articles principaux les reproches que vous faites aux Quakers. Ils frappent : `

Ou fur leur conduite privée, & leur morale ;

Ou fur leurs dogmes religieux ;

Ou fur leurs principes politiques.

Sur chacun de ces points je vais démontret votre injuftice.

Conduite privée, morale des Quakers.

J'AI connu des Quakers à Londres, j'ai pris des informations fur leur Secte, & voici l'hommage que j'ai cru devoir leur rendre publiquement, dans un tems, & dans un Ouvrage (3) où je voulois être utile à ma Patrie, en lui donnant le tableau de cette Ifle, que nous devrions imiter au lieu de la jaloufer ; dans un Ouvrage où, comme l'a bien deviné un Journalifte étranger, j'avois pour but d'infinuer les bons principes au travers de l'enveloppe Angloife (4).

« La fimplicité, la candeur, la bonne foi

---

(3) Voyez le n°. 4, pag. 196, du tom. II, du Journal du Licée de Londres, ou Tableau des Sciences en Angleterre. Paris, 1784.

(4) Voyez le n°. 11 de la Correfpondance Littéraire Secrete, année 1785. ----- Feuille Etrangere, que la cenfure ne mutile point, où l'on trouve fouvent des Anecdotes piquantes, & des articles très-énergiques en faveur de l'humanité.

» caractérisoient leurs actions , leurs discours. Ils
» n'étoient pas affectueux ; mais ils étoient sinceres ;
» ils n'étoient pas polis , mais ils étoient hu-
» mains ; ils n'avoient pas d'esprit , cet esprit
» sans lequel on n'est rien en France, avec lequel
» on peut être tout , mais ils avoient du bon
» sens, un jugement sain , un cœur droit , une
» ame honnête ; enfin , si je desirois vivre en
» société , ce seroit avec des Quakers, si je
» voulois m'amuser , ce seroit avec mes Com-
» patriotes. Et leurs femmes, me dira - t - on,
» que font-elles ? Elles font ce qu'elles devroient
» être par-tout , fideles à leurs maris , tendres
» pour leurs enfans , vigilantes , écónomes dans
» leur ménage, simples dans leurs ajustemens (5) ;
» elles ne font point du tout , & c'est-là leur
» principal caractere , empressées à plaire à
» d'autres individus , ni au monde en général.
» Nulles à l'extérieur , elles se réservent tout
» pour leur intérieur. Il est encore quelques Pays

---

(5) J'aurois dû ajourer très-instruites dans la morale
& la religion. J'ai connu une jeune Personne de cette
Secte qui cronnoit par la profondeur de ses idées, &
par la fermeté de son caractere. J'ai peu vu de
physionomies morales aussi bien prononcées. Elle
étoit dans elle l'effet d'une intime conviction, de
cette conviction à laquelle on n'arrive qu'après l'examen le plus-réfléchi.

» où regne cette simplicité de mœurs : par exem-
» ple , les Arabes l'ont conservée avec la vie
» errante des premiers Patriarches. Disons - le ,
» répétons-le , c'est dans ces mœurs qu'on trouve
» de bons ménages , des familles heureuses , &
» des vertus publiques. Nous malheureux gan-
» grenés au sein de notre civilisation & de notre
» politesse , nous les avons abjurées. Aussi qui de
» nous est heureux , sinon celui qui a la force de
» se reporter à la vie de la nature , & de vivre
» comme les bonnes gens des siecles passés ,
» dont nos Agréables se moquent avec tant de
» grace ? *Si ad naturam vives* , dit Seneque ,
» *numquam eris pauper , si ad opinionem , num-*
» *quam dives* ».

Je n'ai pas la présomption de croire que mon
témoignage seul doive l'emporter sur le vôtre.
Mais combien d'autres (6) je pourrois citer à
l'appui du mien ! Je n'en choisis qu'un seul , mais

---

(6) Lisez entr'autres l'Histoire de l'Établissement
des Européens dans les Indes , art. de la Pensilvanie.
Lisez la traduction des Lettres d'un Fermier de
Pensilvanie aux Habitans de l'Amérique Septentrio-
nale, excellent Ouvrage , different par son objet de
celui de M. de Crevecœur , publié dans l'origine des
troubles , par M. Dikinson, qui y a joué un grand
rôle , & qui étoit dernièrement Président du Conseil
en Pensilvanie. Cet Ouvrage a été traduit en François

il

il eſt frappant , il eſt déciſif ; c'eſt celui du ſenſible Auteur des Lettres d'un Cultivateur Américain. Vous le connoiſſez perſonnellement , comme
moi ; vous ſavez s'il eſt aucun Écrivain qui mérite
autant de confiance par ſa candeur , la bonté de
ſon ame & par ſon caractere. L'amitié la plus
tendre , & un grand rapport de ſentimens m'u-
niſſent à lui ; mais je mets cette amitié de côté
pour peſer ſon témoignage. Il a vécu long - tems
en Amérique , vécu avec des Quakers ; il les a
vus dans leur intérieur , il les a ſuivis , éprouvés
dans tous les actes de la vie civile , & il en porte
un jugement entiérement oppoſé au vôtre (7).
Avec quelle chaleur il loue l'hoſpitalité ſimple
& cordiale qu'il trouva dans leurs maiſons , la
paix , le bonheur qu'il y vit régner ! *Tout s'y fait
en ſilence , & cependant avec gaieté.* Comme il
loue leur bon ſens , leur ſagacité , leur tem-
pérance , leur douceur , l'inſtruction de leurs
femmes ! « En général , dit-il , elles brillent ſans
» éclat , ſont ſolides ſans pédanterie , énnemies

& publié en 1769. Il n'a fait aucune ſenſation , quoiqu'il contînt de grandes vérités politiques.

Enfin liſez un petit Pamphlet de M. Bénézet, ſur
l'établiſſement des Quakers.

(7) Voyez les Lettres d'un Cultivateur Américain ,
tom. premier , depuis la page 137 juſqu'à 197 , &
l'Anecdote qu'on lit dans la Préface.

, des bagatelles , & des frivolités , fans affectation.
» ---- La lecture des bons livres à laquelle elles
» font accoutumées dès leur jeuneffe , donne à
» leur converfation un degré d'intérêt qu'on ne
» trouve ailleurs que rarement , & un fonds de
» connoiffances folides qui m'a fouvent furpris.
» Elles font diftinguées des autres, non-feulement
» par la fimplicité de leurs vêtemens, mais encore
» par l'extrême propreté de leurs maifons , de
» tout ce qui les environne. ---- Le filence &
» la modeftie , une façon particuliere de com-
» mander à leurs domeftiques & à leurs -infé-
» rieurs , une conduite égale & tranquille femble
» être par-tout le caractériftique de ces bonnes
» gens ».

Et cette vifite intéreffante chez le Botanifte
Bertrand , & cette Anecdote fi touchante de l'affranchiffement du Negre de Mifflin , & l'Hiftoire
de fa miffion courageufe vers le Général Howe ,
qui n'a pas lu , qui n'a pas dévoré tous ces faits
où fe peint l'ame des Quakers , où fe développent
leurs principes ? Quel lecteur glacé , ces tableaux
fi touchans n'ont pas ému , pénétré , tranfporté en
Amérique , au milieu des Quakers , enthoufiafmé
pour la vie patriarchale ? Quel lecteur , s'ahandon-
nant à fes rêves agréables , n'a pas defiré de devenir
comme eux , bon , fimple , l'enfant de la nature ?
Quel lecteur enfin , n'a pas intérieurement rendu
hommage à cette Secte comme à la plus morale ,

à la plus édifiante, à la plus sainte de toutes les Sectes ?

Et vous voulez, Monsieur, détruire cet enchantement! Vous démentez tacitement la vérité de ces tableaux! Homme cruel! Quand c'eût été une illusion, deviez-vous la dissiper ? Elle nous étoit chere, elle étoit utile en consolant l'homme vertueux, en donnant des remords aux vicieux. Mais non, ce n'est point une illusion, ce sont des vérités, des faits que vous combattez. Vous, qui n'avez vu l'Amérique que dans des Camps, au milieu du tumulte des armes, & dans une de ces crises violentes, où l'homme, jetté hors de sa sphere, n'est plus lui, ne peut juger, ni être jugé ! Vous qui n'avez connu l'Amérique qu'en la parcourant rapidement, qu'en passant dans des Auberges, ou assistant par hasard à un bal ou à une conversation! Vous démentez un Américain même, un Cultivateur qui n'a prononcé son jugement qu'après vingt-sept ans d'observations faites à loisir au sein de la paix, de la confiance, de l'amitié ----!

Et avec quels armes venez-vous le combattre? avec nos préjugés européens, nos préjugés François. Vous n'avez aucuns faits, & il en cite, cet homme respectable ; il cite des faits bien authentiques, des noms bien connus ; il cite les Bénézet, les Mifflin, les Bertrand. Et vous, en parlant d'hypocrites, de fripons, vous ne nommez personne ; comment peut-on vous croire ?

Il me semble que vous méritez ici un reproche bien grave. Quand un Écrivain combat le sentiment d'un autre Écrivain qui l'a précédé, il doit le citer, le nommer, le déférer au tribunal du Public. On ne peut s'exempter de ce devoir que pour un Auteur notoirement méprisable. Or vous avez imprimé précisément le contraire des opinions, des assertions de M. de Crevecœur ; & vous n'avez pas dit un seul mot de lui, de son Ouvrage, de cet Ouvrage qui a fait tant de sensation ! Et cependant vous l'avez lu, vous savez l'estime dont son Auteur jouit en Amérique, vous-même lui avez donné des témoignages de la vôtre. Puisque vous combattiez non pas simplement ses opinions, mais ses récits, & des faits, l'honnêteté, les égards, le respect pour le Public exigeoient & exigent encore que vous décliniez les raisons & de la différence de vos sentimens, & de votre silence.

Qui croirons-nous, de M. de Crevecœur, ou de M. le Marquis de Chatellux, sur les Quakers, l'un dit blanc, l'autre noir ? Voilà ce que j'ai entendu dire ; voilà la question que vous deviez éviter. En laissant dans le silence son nom & son Ouvrage, vous jettez le Public dans l'incertitude.

Je sais bien qu'on honore ce silence perfide &

Jéfuitique', fi bien connu des Gens du monde & des Académiciens, du nom de ménagemens & d'égards. A préfent on a le fecret de poignarder un homme Public avec une maxime générale, ou même en ne parlant pas de lui. Cette maniere lâche de nos Ariftocrates Littéraires n'étoit pas faite pour vous.

Quand j'attaque quelqu'un, je le dois, & me nomme; telle doit être la devife de tous les honnêtes gens.

Cette incertitude où vous jettez le Public, ne peut fubfifter long-temps, s'il veut pefer les raifons que j'ai déjà alléguées contre votre fentiment, & celles que je vais développer; n'y eût-il que la différence des manieres d'écrire, elle eft contre vous. Quand bien même je ne connoîtrois pas M. de C., quand je n'aurois pas lu cent fois dans fon ame, jé prononcerois d'après la fimple lecture de vos deux Ouvrages. L'ame feule a diɛté le fien; le vôtre prouve que vous avez beaucoup d'efprit; mais c'eft avec l'ame qu'on doit juger des Républicains, des hommes d'une morale pure, & telle eft celle des Quakers. Ce que vous avancez pour détruire leur réputation, ne l'ébranlera pas. Ici je commence à vous fuivre pas à pas.

» La Loi que *plufieurs* Quakers, dites-vous,
» obfervent de ne dire ni *vous,* ni *Monfieur,* eft
» loin de leur donner *un ton* de *fimplicité* & *de*
» *candeur* ».

Ce n'est pas l'usage de plusieurs ; c'est l'usage général.

Vous parlez de ton, comme si les Quakers cherchoient à avoir un ton, comme s'ils étoient simples avec prétentions. Ils sont loin delà.

La simplicité dans le discours, est l'absence de ces vaines formules, de ces complimens ridicules, de ces mensonges convenus qu'ordonne la politesse françoise. Voilà la simplicité dont se piquent les Quakers. Ils ne disent point à un homme qui leur est inconnu, qu'ils sont charmés de le voir. Ils se taisent & attendent pour juger. Ils ne serrent point la main d'un homme qu'ils méprisent. Il ne se courbent point devant un bel habit, une croix, un ruban bleu ou rouge. Ils ne courtisent point le Ministre que la Nation déteste. S'ils tutoyent tous les hommes, c'est par une suite de leur opinion naturelle que tous les hommes sont égaux. Cette source ne devroit-elle pas sanctifier leur usage aux yeux d'un Philosophe.

Le courage avec lequel ils l'ont soutenu à la Cour, dans les Tribunaux ; ce courage avec lequel ils ont forcé l'autorité de se ployer à leur volonté, ne doit-il pas encore les honorer ? Car je suppose avec vous, qu'il soit assez indifférent d'appeler un homme *vous* ou *tu*, il ne l'est pas au moins d'avoir un caractere, de la fermeté, de cette inébranlable fermeté que les oppresseurs haïssent tant, parce qu'ils en craignent les effets ; &

il importe peu que cette fermeté se déploye pour
un petit objet, ou dans des circonstances légeres.
Car il est à présumer qu'elle se développera avec
plus d'énergie encore dans une crise importante.
Or les persécutions essuyées par les Quakers,
plutôt qué de renoncer au tutoyement, décéloient
un grand caractere, & conséquemment leur supé-
riorité sur le reste des hommes, & ce caractere
ne s'est pas démenti, quand l'autorité a voulu
attaquer leurs principes politiques ou religieux.

Dans le fonds, qui a raison d'eux ou du vul-
gaire, pour cet usage que vous leur reprochez ?
Puisque *vous* est la dénomination de plusieurs
individus, pourquoi l'attribuer à un seul ? L'adulation imagina cette altération, l'orgueil & la
bassesse l'ont étendue par-tout. Les Quakers ont
voulu ramener l'usage au bon sens. Qu'avez-vous
à leur objecter ? Faut-il qu'ils deviennent boiteux,
parce que vous n'avez pas la force de marcher
droit ?

Si ces Savans superbes, qui prétendent au titre
de Philosophe, avoient la Philosophie dans le
cœur, ne devroient-ils pas imiter les Quakers ?
Ne devroient - ils pas abjurer ces formules basses
qui décelent un esclave ou un homme faux ? Ne
devroient-ils pas, au lieu de plaisanter les Quakers, comme eux, élever l'homme, & forcer les
Grands à croire qu'ils ne sont que les égaux de
l'être le plus infime ? C'étoit ainsi que faisoit

Diogene, ce Héros de nos Académiciens, qu'ils
fe gardent bien d'imiter. Diogene étoit un vrai
Quaker, c'eft-à-dire, un fage qui connoiffoit la
dignité de l'homme, & le néant des grandeurs
fociales?

Qu'eft-ce encore que *la candeur* dont vous
femblez ne prêter que le mafque aux Quakers?
Avoir de la candeur, c'eft avoir l'ame fur les
levres, & on ne l'a que quand elle eft bien pure.
Avoir de la candeur, c'eft dire ce que l'on penfe,
c'eft rendre hautement hommage à la verité. Tel
eft, & ils l'ont prouvé par le facrifice de leurs
vies, tel eft le caractere général des Quakers.

Vous êtes loin de le leur accorder, puifque vous
leur prêtez *un ton mielleux & patelin, tout-à-
fait jéfuitique.* Vous prétendez même que *leur
conduite ne dément pas cette reffemblance.*

Affreufe & fauffe comparaifon! Qu'entend-on
par un Jéfuite? Un homme faux, avec l'air de
la candeur, hypocrite avec art, ambitieux & in-
triguant fous l'apparence du renoncement aux honneurs & aux richeffes, tyran avec l'air de la douceur, de la fervitude & de la politeffe, égoifte
avec l'air de l'humanité.

Les Jéfuites brûloient de dominer fur toutes les
confciences, pour dominer enfuite fur les trônes,
pour faire ouvrir d'un figne les prifons, & y
enterrer vivans leurs rivaux & leurs ennemis.
Voilà pourquoi ils affectoient le ton mielleux &

patelin qui n'offenſe la vanité de perſonne, qui la flatte, & la ſéduit au contraire.

Les Jéſuites brûloient de la fievre du proſély-tiſme. Ils enveloppoient les jeunes talens, ils les tourmentoient pour en faire des adeptes; ils circonvenoient les grands & les petits, ils avoient des eſpions à la Cour, & dans les Tribunaux, ils ſoudoyoient des prôneurs & des partiſans partout; en un mot, ils vouloient tout envahir, tout ſubjuguer.

Je le demande à tout homme qui connoît un peu l'Hiſtoire des Quakers, qui a tant ſoit peu vécu avec eux, eſt-il aucun de ces traits qui convienne à ces hommes ſimples? Peut-on leur reprocher l'envie de dominer, lorſqu'ils renoncent aux places & aux honneurs? L'intrigue, lorſqu'ils n'ont point d'ambition? La fauſſeté, lorſqu'ils n'ont aucun intérêt à en avoir? Qui ne ſait qu'ils ne proſélitiſent point, n'écrivent point, ne prônent point pour ſe faire prôner? Qui ne ſait qu'ils ont en horreur l'intolérance, & à plus forte raiſon ces moyens affreux de captivité, de tourmens ſecrets, d'inquiſition, avec leſquels les Jéſuites ont voulu renverſer le ſyſtême de la grace efficace? Les Quakers ont été ſouvent bafoués, mutilés, mis aux fers; jamais ils n'ont bafoué, mutilé, mis aux fers aucun de leurs ennemis. En peut-on dire autant des Jeſuites?

Eſt-il étonnant qu'ils aient le ton doux? c'eſt

celui que donne la tolérance pour toutes les Sectes & l'amour de l'humanité. Mais ce ton est loin d'avoir le caractere dégradant du patelinage. Ce dernier a un but secret, l'intérêt d'acquérir ou du pouvoir, ou de l'or, ou la réputation, ou des titres. Or un Quaker ne recherche point le pouvoir, est moins avide d'or que tout autre individu, se soucie peu de la réputation, dédaigne les titres.

Vous ne vous bornez pas à refuser aux Quakers la simplicité, la candeur; vous ne vous bornez pas à les assimiler à une des Sectes les plus ambitieuses, les plus intriguantes, les plus tyranniques; qui aient existé; vous leur refusez même la probité. Vous prétendez que dans la guerre d'Amérique, *ils ont escroqué l'argent des deux partis sans aucune pudeur, sans aucun ménagement.*

. Et vous n'appuyez d'aucune preuve une allégation aussi affreuse ! Et cette allégation enveloppe toute la Secte ! Elle peut envelopper les Bénézet & les Mifflin, ces hommes que vous louez, & que les enthousiastes de la vertu admirent ! Comment avez-vous pu flétrir ainsi d'un seul trait une foule d'hommes respectables ? Quoi ! en supposant, ce que je ne crois pas, ce que je ne croirai que lorsque vous aurez posé des faits bien prouvés, en supposant que quelques Quakers eussent profité des circonstances pour vendre cherement, ou même comme vous le dites, eussent excroqué de l'argent des deux partis, deviez-vous étendre

cette tache fur toute la Secte? S'il eft des cou-
pables, nommez-les, vous le devez. Vous êtes
coupable vous-même, fi vous ne le faites pas ;
car enfin, par votre filence, vous égorgez les
innocens avec les criminels.

Mais comme il eft impoffible que vous ayez été
le témoin de tous les marchés faits par des Quakers, comme il eft impoffible que vous ayez jamais acquis, que vous puiffiez jamais acquérir la
preuve que tous les Quakers, fans exception,
ont commis des friponneries, il en réfulte
que votre affertion eft une vraie diffamation,
pour laquelle vous devez une réparation au-
thentique au même tribunal, à ce tribunal du
Public, où, fans les citer, vous les avez flétris.
Moi-même je vous y dénonce. Moi, lié avec
quelques-uns d'entre eux, moi, pleinement convaincu de la probité des Quakers en général, moi,
voyant que l'accufateur eft un homme qualifié,
titré, appartenant à des corps littéraires, toutes
circonftances capables de forcer le Public à douter
de l'honnêteté des Quakers, je vous fomme de
fpécifier vos accufations, de produire vos preuves
devant le Public ; & fi vous gardez le filence,
encore une fois, je me crois autorifé à regarder
votre affertion comme une diffamation.

Ce mot vous choquera, Monfieur ; je ne l'écris
qu'à regret ; mais je ne l'écris point, fans en avoir

pefé toute la force. Un Ecrit diffamatoire eft un écrit public où l'Auteur, connu ou anonyme, outrage un ou plufieurs individus, en les accufant ou de crimes faux, ou de baffeffes, ou de vices, en un mot, où il cherche à les déshonorer. Or n'accufez-vous pas les Quakers d'être des efcrocs, des four-bes, des hypocrites & des hommes indifférens au bien public ?

Il fe peut que des Quakers aient fourni des provifions aux Anglois comme aux Américains : eft-ce là ce que vous qualifieriez crime ? Mais fouvenez-vous que les Quakers fe regardent comme les freres de tous les hommes, qu'aucun n'eft leur ennemi, pas même celui qui les perfécute. A ce titre dès-lors Anglois & Américains, tout étoit égal pour eux. La plupart croyoient bien que l'Angleterre faifoit une Guerre injufte. Mais un Quaker ne rendoit pas le foldat Heffois complice de cette injuftice ; il fe croyoit obligé de le fe-courir comme fon frere l'Américain.

Je l'avoue, dans l'opinion où je fuis, que la feule Guerre jufte eft celle où un Peuple réfifte à l'oppreffion, & que la Guerre des Américains avoit ce caractere, j'aurois mieux aimé voir le Quakers fe liguer avec les Américains pour chaffer plutôt les deftructeurs de leur Pays.

Mais de ce qu'ils ne l'ont pas fait, de ce qu'ils fe font aftreint fcrupuleufement à fuivre leur fyftême de ne point verfer de fang, je ne les

accufe point d'être criminels. Ils l'étoient d'autant moins que leurs principes & leurs actions étoient connus des deux partis.

Peut-être encore ont-ils *vendu cher* aux deux partis. Appellez-vous efcroquerie cette forte de vente? Je voudrois avoir des faits précis, pour difcuter cette accufation. N'en ayant aucun, vous-même n'en citant point, je fuis forcé de croire que vous vous êtes laiffé féduire par le préjugé général contre le Négociant qui profite des cir-conftances pour vendre à très-haut prix.

Quand un Commerce eft libre, quand le ven-deur n'eft pas feul, & qu'il y a concurrence, quand il ne force point l'acheteur de lui payer le prix qu'il demande, il n'y a point d'efcroquerie; le prix fût-il d'ailleurs le plus haut qu'on puiffe imaginer.

Les circonftances que la Guerre amene avec elle, entraînent une grande hauffe dans le prix des denrées, parce qu'elles en diminuent la pro-duction & l'abondance. Celui qui les apporte au marché n'eft point coupable d'en renchérir le prix, en raifon de la rareté, pas plus que, dans le tems d'abondance, l'acheteur ne le feroit d'of-frir peu pour avoir beaucoup. Cependant le vul-gaire qui eft accoutumé à un certain prix, dont les moyens, loin d'augmenter, diminuent par la Guerre; ce vulgaire, alors forcé d'acheter tout au poids de l'or, crie à l'efcroquerie. Je ne doute

point que partageant ce préjugé , la plupart des
Officiers François qui, comme vous, voyageoient
dans les États-Unis , rencontroient de pauvres
Auberges , & des cuisines mal fournies , & étoient
cependant obligés de payer avec de l'or un gîte
médiocre , & un souper détestable ; je ne doute
point , dis-je , que souvent ils ne se plaignissent,
d'être écorchés , & ne regardassent tous les Au-
bergistes Américains comme des fripons. Vous
semblez l'insinuer vous-même dans différens endroits de vos Voyages (8). Vous, & ces Voyageurs, étiez dans l'erreur. On vous faisoit payer,
1º. la rareté des bras & leur prix excessif; 2º. la
rareté des denrées ; 3º. la rareté des Voyageurs ;
4º. la rareté des Auberges ; & d'après ces quatre
circonstances, il n'est point étonnant que vous
payassiez quatre fois plus cher qu'en France.

 Il n'entre point dans mon plan de vous développer ici toutes mes idées sur la cherté (9). Tout
ce que je puis dire, c'est que jamais la cherté ne

(8) Dans l'un entr'autres, en parlant d'un frere de
Bénézet, vous dites : *Qu'il n'avoit retenu des principes des Quakers que celui de vendre très-cher.*

 (9) Voyez ce que j'en ai dit dans mon article sur
l'État Civil des Juifs, tom. II, Journal du Licée. ---
Vendre cher, y disois-je, c'est souvent traduit par le
mot de mauvaise foi, au moins, dans la bouche des
ignorans.

peut être transformée en escroquerie, toutes les fois, 1°. que l'Acheteur connoît les qualités de la denrée & les circonstances de la vente ; 2°. qu'ayant concurrence entre les Vendeurs, l'Acheteur est maître de prendre ou de refuser.

Les Quakers ont la réputation de vendre cher ; c'est qu'apparemment leurs marchandises font toujours d'une bonne qualité. Mais puisque vous êtes libre de vous pourvoir ailleurs, vous n'avez point à vous plaindre de leur cherté, & si vous leur donnez la préférence, c'est qu'apparemment vous regardez leur marchandise., quoique plus chere, préférable par la qualité à celle dont le prix est inférieur.

· On fait d'ailleurs que les Quakers ont en général un prix fixe, qu'ils ne surenchériffent & ne baiffent jamais. Or l'escroquerie est incompatible avec un pareil usage. Elle ne peut se trouver que parmi ceux qui varient fur leurs prix, & qui fe jouant de l'ignorance & de la crédulité des Acheteurs, exigent un prix bien supérieur au taux du marché.

Voilà les Marchands dont il faut *se défier ;* mais non pas de ceux qui, comme les Quakers, n'ont qu'un prix fixe.

. Elle est donc invraifemblable cette affertion par laquelle vous cherchez encore à les déshonorer : *C'est une opinion reçue dans le commerce qu'il faut se défier d'eux.*

⸢ Elle eſt fauſſe d'ailleurs. J'ai préciſément entendu le contraire à Londres, c'eſt-à-dire, dans
une Ville, où, ⸲ ſi les Quakers avoient de la pente,
à la friponnerie, à la corruption, ils devroient
être néceſſairement plus fripons, plus corrompus
qu'à Philadelphie. Or ils ſont loin de cette corruption, & c'eſt un des plus grands prodiges de
ce ſiecle, que dans un pareil cloaque, leur vertu
ait conſervé toute ſa pureté.

⸱ Je veux que vous ayez entendu ce propos en
Amérique. Mais ne deviez-vous pas remonter à
la ſource de ce bruit populaire ? Ne deviez-vous
pas rechercher ſi la méchanceté, l'envie (10) ne
l'avoient pas diﬀé ? Ne deviez-vous pas en vé-
rifier vous-même la réalité ? Et au lieu de vous
borner à dire que *cette opinion eſt fondée*, ne
deviez-vous pas citer les faits bien authentiques

_____

(10) On leur a reproché, dit M. de Crevecœur,
tom. premier, pag. 169, leur attachement à l'état
du Commerce ; mais on ne dit cela que par la ja-
louſie qu'excite la vue de leurs richeſſes. Les Quakers
ſont donc en Amérique l'objet de l'envie publique ;
& alors combien de contes ne doit-elle pas imaginer
& répandre contr'eux ? N'a-t-on pas vu dans les ſiecles
précédens, l'envie des Chrétiens pauvres & orgueil-
leux, accuſer les Juifs des crimes les plus affreux,
uniquement, parce qu'ils s'enrichiſſoient dans le
Commerce ?

qui lui fervent de fondement ? Encore une fois ;
Monfieur, quand on accufe un Citoyen d'un
crime, il faut toujours mettre la preuve & le fait
à côté. Sans cette condition, l'accufation n'eft
qu'une calomnie, & tel fera le caractere de la
vôtre, fi vous ne nous citez pas les faits graves
que vous avez à reprocher aux Quakers, & à
tous les Quakers; car vous les flétriffez tous fans
aucune diftinction.

Dogmes religieux des Quakers.

JE paffe maintenant aux ridicules dont vous
couvrez les Quakers, en parlant de leur Culte &
de leurs Dogmes religieux ; & je fuis de même
votre récit pas à pas.

« Le Dimanche dix, dites-vous, j'avois réfolu
» de faire *un cours de Cultes & d'Églifes* ».

Il faut avouer que c'eft faire un plaifant cours
que d'affifter une feule fois à un Sermon ou à
une Priere, & d'attrapper à la volée quelques
phrafes dans une Langue & dans une Religion
Étrangeres. Puifque chaque Secte a un idiome
particulier, puifque chacune donne une valeur
différente à des mots généralement ufités, le bel
efprit qui veut faire fi leftement fon cours, rifque
de ne rien comprendre & de n'avoir que des
idées fauffes de ce qu'il entend.

Mais quel pouvoit être l'objet de cet étrange

cours d'Églises ? Étoit-ce de connoître les cérémonies ? Le Culte des Puritains en admet peu , & celui des Quakers point. Étoit-ce de connoître les principes & l'esprit de chaque Secte ? Ce but étoit plus raisonnable , plus important. Mais quelque perspicacité qu'on ait , peut-on se flatter de saisir & de connoître dans une heure , dans une séance, le systême théorique & pratique d'une Secte ? L'un s'apprend dans les Livres , l'autre par des liaisons habituelles & continues.

Nous n'avons que trop cette manie en France , de juger les objets en courant , & sans rien approfondir. On traite ainsi presque toutes les Sciences. On croit être habile Physicien, ou posséder à fonds la Chimie , pour avoir assisté à quelques séances d'un cours. On s'est déjà vivement élevé contre cet abus; mais il subsiste & subsistera long-tems , parce qu'il favorise le charlatanisme des Maîtres , la paresse & la suffisance des Écoliers.

« Malheureusement , ajoutez-vous , les différentes Sectes, *qui ne s'accordent sur aucun autre point,* ont pris *la même heure,* pour assembler les Fideles ».

Comment avez-vous pu imprimer que les Sectes religieuses de l'Angleterre ou des États-Unis ne s'accordent sur aucun point , tandis que toutes, par exemple, regardent l'Évangile comme un Livre divin, que toutes, à l'exception des Unitaires, regardent le Chriſt comme le Fils de la Divinité, que toutes admettent la néceſſité de la Priere, &c ? Vous êtes trop inſtruit pour ignorer ces faits, mais vous avez ſacrifié la vérité au petit plaiſir de faire une antitheſe.

N'eſt-il pas encore ſingulier , que pour la commodité des curieux, vous vouliez aſſujettir toutes les Sectes à une heure différente dans l'exercice de leur Culte ? Eh ! que ne faiſiez - vous votre cours de Cultes , comme les Petits-Maîtres font à Paris leur cours de Spectacles ? Une Ariette aux Italiens , une Scene aux François , un Ballet à l'Opéra , un tour de promenade au Vaux - Hall ; ils ont tout vu , ſavent tout , ils ſe ſont montrés par-tout & en deux heures.

Si en écrivant cette phraſe vous euſſiez voulu vous rappeller que l'homme qui , pénétré de ſes devoirs envers la Divinité , s'éleve à lui dans le fonds de ſon cœur , s'inquiéte peu des Étrangers , & beaucoup de ſon objet ; ſi vous euſſiez encore réfléchi qu'il eſt plus qu'imprudent , comme je vous le prouverai , de dégrader les objets reli- gieux , en les traitant avec cet air leſte , en les rabaiſſant au niveau des Spectacles , vous n'auriez pas jugé ſi légérement les Quakers , les Puritains , ni même le Anglicans.

Vous euſſiez ſur-tout évité cette mauvaiſe plai- ſanterie ſur les femmes , qu'on ne s'attend pas à trouver ſous la plume d'un admirateur du beau

Sexe , & d'un Académicien : « comme l'Ariofte ;
» *dirò maraviglia* , je conterai un prodige , au
» moment où j'entrai , une femme venoit de fe
» taire ».

Comment cette épigramme triviale & rebattue
a-t-elle pu vous échapper , fur-tout avec cet air
de prétention que lui donne la citation ! Vous
qui vantez avec tant de chaleur nos Françoifes ,
n'en avez-vous donc jamais connu qui euffent le
talent de fe taire , & qu'on eût du plaifir à entendre ? N'avez-vous jamais vécu avec des An-
gloifes & des Américaines ? N'avez - vous pas
obfervé que la modèftie & le filence font leur
partage , qu'elles ne fe montrent jamais empreffées
de parler , quoiqu'elles foient très-inftruites ? Oui
très-inftruites , & très-capables d'inftruire même
des Savans & des Académiciens. Je ne vous en
citerai qu'une , Madame Macaulay ; fon Hiftoire
des Stuards eft certainement plus utile que tout ce
que l'Académie Françoife & fes Membres ont produit jufqu'à nos jours.

Eh ! pourquoi d'ailleurs humilier les femmes ?
N'eft-ce pas en aviliffant les individus , qu'on les
force à s'avilir ? Les Quakers ont rendu aux
femmes la juftice que nous leur refufons ; elles
ont prouvé qu'elles en étoient dignes ; car le
Quakérifme a eu fes *Porcia*.

Silence , ou difcours , vous paroiffez déterminé
à tout critiquer chez les Quakers. « Un homme ,

» ajoutez-vous, remplaça cette femme, & parla
» *fort bêtement* fur *la grace intérieure ; l'illumina-*
» *tion qui vient de l'efprit*, & tous les autres
» Dogmes de fa Secte qu'il *rabacha* beaucoup, &
» fe garda bien d'expliquer ».

J'oferai, Monfieur, vous demander ici fi vous
entendez affez l'*Anglois des Quakers*, pour avoir
compris ce Quaker, & avoir pu le juger. Qu'un
Étranger foit capable de fuivre l'éloquent Burke
au Parlement, ou Miff Young fur le Théâtre, il
n'eft pas pour cela toujours en état d'entendre un
Sectaire qui prêche fes Freres. Les Quakers, fur-
tout, ont un langage particulier qu'il eft difficile
d'entendre avant d'avoir lu, & bien attentivement, quelques-uns de leurs Livres ; l'apologie
de Barclay, par exemple. Or je foupçonnerois,
par un feul mot, que vous n'aviez pas tout-à-fait
la clef de l'Idiome & du fyftême des Quakers ;
c'eft lorfque vous vous plaignez que le Prédicant
fe garda bien d'expliquer fes Dogmes. Probablement
il étoit affez clair pour fes Freres qui entendoient
fa Langue, lorfqu'il étoit obfcur pour vous qui ne
l'entendiez pas. Et dans un pareil cas, que diriez-
vous d'un homme qui, n'ayant appris l'Indoftan
que dans la Grammaire de Halhed, diroit d'un
Brame, qu'il parla fort bêtement fur Viftnou ?
Que diriez-vous d'un bel efprit qui, n'étant point
au courant des idées nouvelles, qu'a fait naître
le Magnétifme, appelleroit vos confidérations fur

le mouvement, un Recueil de Logogryphes? Que diriez-vous d'un Anglois qui, ne connoiſſant point les mille & une révolution que la Chimie Fran-çoiſe a éprouvées dans ſa nomenclature, trou-veroit fort bête & fort obſcur l'*Oxigine* de MM. Fourcroy & Lavoiſier?

Il eſt fort aiſé de faire en quatre mots le pro-cès d'une Secte & la ſatyre de ſes Dogmes. J'ai vu de ces Plaiſans qui n'auroient pas même ex-pliqué *les mots de ralliement* dont ils ſe ſervoient. J'en ai vu beaucoup citer en ricanant les propo-ſitions de Janſenius, qui auroient balbutié, ſi on les eût preſſés de décliner & d'expliquer la pre-miere de ces propoſitions.

C'eſt avec des mots qu'on mene les ignorans; & je ne doute point que la plupart de ceux qui vous liront, & qui ne connoiſſent point les Quakers, ne les jugent ſur la caricature que vous en faites, & ſur ces ſeuls mots, de *grace inté-rieure*, *d'illumination qui vient de l'eſprit*, & ſur-tout ſur la jolie pointe de *rabacher*. On ſe dira: mais d'où ces gens-là viennent-ils donc? Ils ſont donc d'un autre ſiecle, d'un autre monde! Les pauvres ignares!

Je ne ſais pas ce qu'a dit le Quaker qui parla devant vous, mais je vous avouerai que les Dogmes ſur leſquels il devoit diſſerter, les Dogmes de ſa Secte, ne me paroiſſent pas ſi *bêtes* qu'à vous. Je vais en donner un Précis, non pour vous , car vous avez fûrement lu Bénézet auparavant de le ridiculifer , mais pour cette partie du Public qui ne connoît les Quakers que *d'après nos Opéras comiques.*

Les Quakers croyent en un feul Dieu, Tout-Puiffant , Éternel & immuable.

Ils croyent à la Divinité , à la Miffion du Chrift.

Ils croyent que tous les hommes peuvent être fauvés.

Ils admettent une grace , une lumiere univerfelle. ──── C'eft-à-dire, que Dieu fait la faveur à tous ceux qui veulent fincérement connoître la vérité & qui la recherchent, de la leur dévoiler, de fe faire connoître à eux.

Ils croyent que cette faveur a été accordée à tous les Philofophes anciens qui , à la pratique de la vertu, joignoient la recherche de la vérité, tels que Socrate , Épiétete & Seneque.

L'Efprit faint n'eft pas autre chofe que cette lumiere intérieure qui leur fert de guide.

Quiconque , dit Bénézet , entre férieufement en lui-même avec un defir fincere de connoître & de faire fon devoir , ne manquera pas d'y trouver un guide fuffifant , un rayon de foleil , de lumiere, qui éclairera fon entendement, & lui donnera l'affiftance néceffaire pour diftinguer le bien du mal. Ceux qui veulent obéir à cette lumiere , à ce divin guide, quelque Religion qu'ils

C iv

profeſſent , trouvent bientôt en eux-mêmes la
ſainteté , la pureté , &c.

La Bible eſt le ſeul Livre qu'ils liſent, qu'ils
conſultent, qu'ils ſuivent. Ils refuſent cependant,
dit Bénézet , de l'appeller la parole de Dieu,
parce que cette dénomination doit être réſervée
uniquement au Chriſt, parce que ces Livres peuvent être interprétés en divers ſens , parce que
les hommes peuvent être portés à croire qu'en
l'ayant, ils ont tout ce qui eſt néceſſaire au ſalut.

Quant au Culte , ils n'ont ni Cérémonies , ni
Sacremens, parce qu'ils prétendent n'en trouver
aucune trace dans les Écritures-Saintes.

Ils ne croyent point à la néceſſité du Baptême ;
ni de la Cène ; ce ſont des Types, des Images ,
ſuiyant eux ; une bonne vie eſt la ſeule voie du
ſalut.

Ils admettent cependant la Priere ; mais ils
croyent qu'on ne doit prier que quand on eſt
inſpiré par l'eſprit, & on ne l'eſt que par une
longue méditation.

Ils ont des Aſſemblées , parce que Dieu a
promis que, lorſque deux ou trois perſonnes ſe-
roient aſſemblées en ſon Nom , il ſeroit au milieu d'eux.

Ils n'ont ni Prêtres , ni Évêques, ni Miniſtres ;
ils diſent qu'ils ne voyent dans l'Évangile aucune
trace de cette Hiérarchie.

L'homme qui veut avoir le privilege **excluſif** de communiquer avec Dieu, eſt, ſuivant eux, un préſomptueux. Chaque Fidele eſt Prêtre & Miniſtre de droit. Tout Quaker eſt Prédicateur, dès qu'il ſe ſent inſpiré.

Auſſi refuſent-ils de payer la dîme. C'eſt dégrader, ſelon leurs principes, la Religion, que d'en faire un commerce ; c'eſt déſobéir à l'Être ſuprême, qui a dit : *donnez gratuitement ce que vous avez reçu gratuitement.*

Par la même raiſon, ils rejettent la Science, qu'on appelle Théologie, ne la croyant propre qu'à produire l'orgueil & des diſputes.

Je dirai ci-après ce qu'ils penſent de la guerre.

On ſait qu'ils ne font point de ſerment, & ils ſe fondent ſur cette parole de Jéſus-Chriſt : *ne jurez point ; mais dites ſeulement oui & non, ce qu'on ajoute eſt mauvais.*

Pour la police intérieure de cette Secte, elle eſt très-exacte, & très-raiſonnable. Il y a des Aſſemblées par députés tous les trois mois, & des Aſſemblées générales tous les ans. Ces Aſſemblées ſont compoſées de tous les Membres d'un Comté. Si un frere ſe comporte mal, les anciens lui font des remontrances, les lui réiterent, les font réitérer par d'autres ; s'il perſiſte, il eſt cité & jugé à l'Aſſemblée des trois mois. Il peut appeler à l'Aſſemblée générale, où ſa cauſe eſt examinée de nouveau.

Ils évitent avec soin tous les Procès. S'il y a quelque Quaker malheureux ou indigent, tous ses freres le soutiennent (11).

Ils se font un devoir de contribuer aux aumônes générales.

Ils n'occupent point de places dans les Magistratures.

Cependant dans la Pensilvanie, ils ont été pendant un certain temps en possession des Magistratures ; mais ensuite les Quakers s'appercevant qu'il n'étoit gueres possible d'accorder leurs principes avec les tentations des places, ils résolurent de n'en plus occuper aucune.

Tels sont les dogmes religieux & civils des Quakers, & on doit dire à leur louange, que dans les pays où ils étoient foibles & persécutés, rien n'a pu les forcer à les quitter, que dans ceux où ils ont été maîtres, ils n'ont forcé personne à les embrasser. Je citerai à cette occasion deux passages frappans de Barclay & de Bénézet ; je ne changerai rien à leur style.

« Les témoins de Dieu (12), dit Barclay, appelés par mépris Quakers ou trembleurs, ont

_____

(11) On m'a cité à Londres un Négociant Quaker que ses Freres avoient relevé trois fois, à la quatrieme, on l'engagea à quitter le Commerce, & on lui assura une pension pour sa subsistance.

(12) Apolog. de Barclay, pag. 577.

» donné une preuve manifeste de leur patience
» dans les souffrances. Car aussitôt que Dieu eut
» révélé sa vérité parmi eux, sans avoir aucun égard
» à toutes les oppositions, ils allerent de côté &
» d'autre, selon qu'ils étoient mus par le Sei-
» gneur, prêchant & répandant la vérité dans
» les places plubliques, sur les grands chemins,
» dans les rues & dans les Églises publiques; quoi-
» que battus, chaque jour, fouettés, meurtris,
» traînés & emprisonnés pour cette raison. Et
» quand il y avoit, en quelque lieu que ce fût,
» une Église ou une Assemblée recueillie, ils les
» enseignoient de tenir leurs Assemblées ouverte-
» ment, & de ne point fermer les portes, ni de
» ne le faire point à la dérobée, afin que tout le
» monde le sçût, & que quiconque voudroit,
» pût entrer. Et comme par ce moyen là tout
» juste sujet de crainte, de conspiration contre le
» Gouvernement, étoit entiérement ôté, aussi
» leur courage & leur fidélité qu'ils avoient en
» n'abandonnant point leur Assemblée, fatiguoit
» tellement la malice de leurs ennemis, qu'ils,
» étoient contraints bien souvent de laisser leur
» ouvrage sans être achevé. Quand ils venoient
» pour disperser une Assemblée, ils étoient con-
» traints de tirer dehors chaque individu par
» force (13), & quand on les avoit traînés dehors

_____

(13) Sous le regne de cet infâme Charles second,

» par violence, ils s'en retournoient incontinent
» à leur place tout paisiblement. Et quand même
» quelquefois les Magistrats ont fait démolir leurs
» maisons de dévotion, ils se sont assemblés le
» lendemain ouvertement sur leurs masures, &
» ainsi ils conservoient leur possession & leur ter-
» rein, comme étant naturellement le leur pro-
» pre, & qu'ils ne pouvoient avoir leur droit de
» s'assembler & de servir Dieu, confisqué à per-
» sonne. De telle sorte que, quand il venoit des
» gens armés pour les dissiper, il leur étoit im-
» possible de le faire, *à moins qu'ils n'eussent*
» *tué tout le monde qui y étoit;* car ils se tenoient
» si serrés tous ensemble, qu'aucune violence

---

qui se jouoit de toutes les Religions, & qui pour de
l'argent les persécutoit & les protégeoit tour-à-tour,
s'eleva une des plus sanglantes persécutions contre
les Quakers. On lâcha sur eux, dit Madame Macaulay, des satellites, on les insultoit, on les bles-
soit; on en tua plusieurs. Hays & Jenilt furent arrêtés
comme ils offroient de l'argent à des Connétables
qui menoient quelques-uns de leurs freres en prison.
On les condamna à payer chacun 5000 liv. sterl.
ou aller en prison. Penn & Mead, deux Quakers
respectables furent accusés & condamnés à quarante
marcs d'argent, pour avoir gardé leurs chapeaux, &c.
Voyez Histoire des Stuards, Tom. VI, *in-*4°,
pag. 309.

» n'eût pu porter aucun d'eux à se bouger, juf-
» qu'à ce qu'on les eût arrachés delà par con-
» trainte. Tellement que, quand la malice de leurs
» Adverfaires incitoit à prendre des pelles & à
» jetter fur eux les ruines & les ordures, ils
» demeuroient là fans en être émus, étant tous
» prêts, fi le Seigneur le vouloit ainfi, d'être là
» enfévelis tout vifs, témoignant pour lui. Comme
» cette patiente, mais courageufe maniere de
» fouffrir, rendoit l'ouvrage des perfécuteurs
» fort laborieux & ennuyant pour eux, de même
» auffi le courage des fouffrans qui n'ufoient point
» de réfiftance, qui ne portoient point d'armes
» pour fe défendre, & ne cherchoient point les
» moyens de fe venger, frappa fecrettement les
» cœurs des perfécuteurs. Par ce moyen là, après
» beaucoup de fouffrances & de plufieurs fortes
» ainfi patiemment endurées, defquelles, fi on
» vouloit les réciter, on pourroit faire un vo-
» lume (14) qui pourra bien être publié aux Na-

_____

(14) Charles Second qui trafiquoit des crimes,
& en imaginoit pour avoir des amendes, défendit
toutes les Affemblées des non-Conformiftes. Quand
l'Affemblée étoit de cinq perfonnes, 5 fchellings pour
la premiere fois, 10 pour la feconde, &c. par
chaque perfonne; & il étoit ordonné, que s'il s'é-
levoit quelque doute fur l'interprétation de cet acte,
les Juges devoient toujours décider contre les accu-

» tions quand il en fera temps ; car nous, les
» avons enregistrés , nous avons obtenu une forte
» de liberté négative, tellement qu'à préfent nous
» nous affemblons pour la plupart tous enfemble
» fans empêchement de Magiftrat. Mais tout au
» contraire, la plupart des Proteftans , quand ils
» n'ont point de permiffion ni de tolérance du
» Magiftrat, s'affemblent feulement en fecret , &
» cachent leur témoignage , &c. ».

Barclay rapporte encore ces fouffrances dans fa
dédicace énergique, à Charles II. Il affirme d'ailleurs que jamais on n'a trouvé un Quaker dans
les confpirations nombreufes tramées contre lui ,
& il termine cette finguliere dédicace par ces idées
vigoureufes.

« Tu as goûté la profpérité & l'adverfité ; tu
» as long-temps été banni, & puifque tu as été
» opprimé, tu as fujet de reconnoître, combien
» un oppreffeur eft haïffable tant à Dieu qu'aux
» hommes : & fi après tous ces avertiffemens tu
» ne te convertis pas au Seigneur, fi tu viens à
» oublier celui qui s'eft fouvenu de toi dans ta
» calamité, & t'adonnes à fuivre le luxe, la

_____

fes ; & voilà le tyran que Louis XIV vouloit rendre
abfolu dans fon Royaume. Voyez l'Hiftoire de
Madame Macaulay, Tom. VI, *in*-4°, pag. 284.

» vanité , affurément ta condamnation fera
» grande , &c. ».

Ces paffages vous prouvent fuffifamment , Monfieur, la conftance & la fermeté des Quakers au
milieu des perfécutions , & l'énergie avec laquelle
Barclay parloit à Charles II, s'eft toujours foutenue
parmi eux. Le paffage fuivant vous prouvera également leur tolérance , là où ils ont été les plus forts.

L'immortel Penn , dans la Charte des privi-
leges qu'il accorda aux habitans de la Penfilvanie , le 28 Octobre 1701 , —— inféra cette
claufe.

« Attendu que nulle perfonne ne peut être réel-
» lement heureufe, fi elle eft privée de la liberté
» de confcience, touchant les féntimens religieux
» & le culte du Dieu tout-puiffant, le feul Maître
» de la confcience, le Peré de la lumiere & des
» efprits , & l'Auteur auffi bien que l'objet de
» toute connoiffance de foi & de culte, qui
» feul éclaire l'efprit , & qui perfuade & convainc
» l'entendement des hommes , je déclare & je
» garantis par ces préfentes, que toute perfonne
» qui réfidera dans cette Province ou dans fes
» territoires, qui confeffera & reconnoîtra un
» feul Dieu tout-puiffant le Créateur, qui fou-
» tient & gouverne le monde , & qui defirera de
» vivre paifiblement fous le Gouvernement civil,
» ne fera point molefté , ni ne fouffrira aucun
» préjudice dans fa perfonne ou dans fes biens,

» pour cauſe de ſes principes religieux, ſoit en
» matiere de foi ou de pratique, qu'il ne ſera
» point obligé de fréquenter ou de ſupporter au-
» cun culte ou miniſtere, contraire à ce qu'il lui
» paroîtra juſte, ou de faire ou ſouffrir aucun
» autre acte ou choſe contraire à ſes ſentimens
» en fait de Religion, & que toutes ces per-
» ſonnes qui font profeſſion de croire en Jéſus-
» Chriſt, ſeront capables, nonobſtant leurs au-
» tres dogmes, eu égard à leur conſcience de
» ſervir ce Gouvernement dans toutes charges,
» ſoit légiſlatives, ſoit exécutives ».

Maintenant, Monſieur, oubliez que vous avez
écrit contre les Quakers, oubliez vos préjugés &
vos plaiſanteries, rentrez en vous-même, & de-
mandez-vous, s'il y a tant de bêtiſe dans les
dogmes & le culte de cette Secte, tels que je
viens de les expoſer.

Mais cette grace intérieure, cette illumination, cet eſprit, me direz-vous, comment appel-
lerai-je tout ce fatras miſtique? Je vous entends,
je pourrois vous répondre par la foi, par les dogmes des Catholiques & des Proteſtans que vous
enveloppez dans la même cenſure, mais à un
Académicien, à un Philoſophe, il faut d'autres
réponſes, & je vais vous les donner.

Illumination, grace intérieure, extaſe, enthouſiaſme, tous ces mots ne peignent qu'un même
état ſpirituel de l'homme, celui dans lequel il ſe
trouve

trouve plongé, lorfqu'il s'eft abforbé, anéanti dans
une profonde méditation fur fes rapports avec
Dieu ou les hommes. N'avez - vous jamais
éprouvé cet état? Je vous plains, c'eft certainement le dernier degré du bonheur fur la terre,
je dirois prefque de la volupté. Je ne peindrai
pas fes effets; ils font au-deffus de tous les pin-
ceaux. Ces douces rêveries dans lefquelles l'ame
fe perd, cet élancement hors de la miférable
enveloppe qui l'emprifonne, ces leurs fublimes &
confolantes, qu'elle croit entrev hors d'elle,
au-delà de notre globe, dans un meilleur monde,
tout échappe, tout fuit, quand on prend la
plume.

Cet état n'eft jamais le produit que d'un recueillement parfait en foi-même, que d'une vie foli-
taire (15) & innocente, & il n'eft jamais goûté
que par ces ames pures, élevées au-deffus des
vains plaifirs de ce monde, & des petits objets
d'ambition.

---

(15) Par une fingularité remarquable les enthoufiaftes & les illuminés fe rencontrent plus fouvent
fous le defpotifme. La raifon en eft fimple; la vie
des hommes y eft une folitude forcée. Puis, quand
on eft mal chez foi, on cherche un afyle ailleurs;
quand la terre n'eft qu'un lieu de tourmens, le ciel
feul offre un refuge aux malheureux, & on devient
enthoufiafte, parce qu'il eft dangereux d'être Citoyen;
nouv elle raifon de refpecter l'enthoufiafme.

D

Cet état conduit néceſſairement à la connôiſ-
ſance de Dieu, du vrai bonheur, du véritable
objet de l'homme. Il conduit, par une conſéquence néceſſaire, aux moyens qui doivent le
faire atteindre. Ces moyens ſont les vertus pri-
vées & publiques. D'où réſulte que l'homme qui
médite perpétuellemeut ſur lui-même, devient né-
ceſſairément bon, tolérant, juſte, bienfaiſant ;
car enfin il cherche à s'approcher de la Divinité,
à lui reſſembler, & la vertu ſeule peut combler
l'intervalle qui l'en ſépare.

L'illumination, la grace intérieure, l'eſprit ſaint
des Quakers, ne ſont autre choſe que cet état
de lumiere, où l'homme arrive par la méditation.
Ils ne prient point qu'ils ne méditent ; ils ne prêchent point qu'ils ne ſoient inſpirés, & ils ne le
ſont que par la méditation.

Or je vous ai prouvé que l'homme qui méditoit
habituellement ſur lui, ſur la Divinité, ſur ſes
devoirs, devenoit néceſſairement vertueux. Il en
réſulte que la méthode d'illumination des Quakers,
les conduit néceſſairement à la vertu, & *les faits
viennent à l'appui de cette conſéquence.* Il en réſulte
qu'on doit reſpecter ce ſyſtême ; qu'en plaiſanter,
ce n'eſt en connoître ni les élémens, ni les conſéquences ; c'eſt outrager la vertu même.

Je ne ſais, mais il me ſemble qu'il eſt difficile
de détruire cette chaîne de conſéquences, au moins
je vous en porte ici le défi.

Je n'ignore pas que de beaux efprits', même célebres, ont très-ingénieufement plaifanté fur cet état d'illumination. Mais que prouvent les farcaf-mes ? Quelle abfurdité le bel efprit ne juftifie-t-il pas ? Quelle vertu ne peut-il pas ridiculifer ? Laiffons donc de côté les plaifanteries, & venons aux raifonnemens & aux faits. Feuilletez & refeuil-letez Voltaire, qui, plus que tous les autres, a accrédité cette manie de fubftituer le ridicule aux raifons, qui l'a portée jufques fur les échafauds, vous n'y trouverez pas un feul argument appro fondi contre les Illuminés (16). Des jeux de mots, des épigrammes, voilà fes armes.

Je le dis avec regret ; c'eft encore l'arme que M. le Comte de Mirabeau emploie le plus fré-quemment, dans une Differtation qu'il vient de pu-blier contre le célebre Lavater (17) & fes parti-fans qu'il traite d'Illuminés & contre l'illumination en général (18).

---

(16) Il faut rendre juftice à Voltaire. Il parle quel-quefois avec éloge des Quakers, à la vérite, dans un ftyle très-burlefque. Voyez aux mots Quakers & Eglife primitive des queftions fur l'Encyclopédie.

(17) Lettre fur MM. Caglioftro & Lavater, par M. le Comte de Mirabeau. A Berlin, 1786.

(18) Il prétend qu'il eft à la tête d'une Secte d'Illu-minés qui vifent à faire une révolution, à enchaîner les confciences & les Souverains, à établir un

Cet Écrivain n'a pas fait une diſtinction qui a

---

deſpotiſme ſpirituel. Je n'ai rien vu de bien concluant à cet égard, ni dans les faits allegués par cet Ecrivain, ni dans les Lettres du Docteur Lavater, qu'il copie.

Il tranſcrit une Lettre de cèt homme reſpectable, adreſſée à un Médecin, dans laquelle M. Lavater aſſure avoir jetté ſa femme dans le ſomnambuliſme, en préſence de trois Médecins. M. le C. de M*** le plaiſante ſur ce ſomnambuliſme ; mais s'il a raiſon en niant ce fait, je vois cinq fripons ici, le Docteur, ſa femme & les trois Medecins, qui ont atteſté les faits. Il faut avouer que pour des fripons, ils ont bien mal choiſi leur Théâtre ; une ſolitude ! Et qu'y a-t-il à gagner dans une ſolitude ? N'eſt-ce pas dans les places publiques que les Charlatans dreſſent leurs tréteaux ?

Je ne connois point M. Lavater, j'ignore ſes principes & ſes Dogmes. Mais s'il a une Secte, ſi cette Secte eſt nombreuſe, ce ſeul fait prouve que ſa doctrine a quelques rapports nouveaux qui ont entraîné à lui ceux qui ſe ſont attachés à ſon char. Or il eſt important pour le bien Public de connoître ces rapports. Peut-être ſont-ce des verités ? Peut-être auſſi des erreurs. Qui oſera décider ? Le ton myſtérieux dont il s'enveloppe n'eſt pas une raiſon pour prononcer contre lui. Pithagore ne prêchoit que par des emblêmes ; & bien des gens les croyent encore néceſſaires aujourd'hui, non pour le Peuple, mais

de même échappé à ſes prédéceſſeurs (19), &
qui tous les jours échappe au vulgaire empreſſé
de condamner ce qui eſt loin de lui. Il a confondu
l'hypocrite illuminé, avec le véritable Illuminé

Je conviens que le nombre des hypocrites ſur-

---

pour tromper une claſſe de gens qui n'aiment pas que
le Peuple s'éclaire.

Encore une fois, je ne connois point M. Lavater,
mais je l'ai vu peint par-tout comme un Ecrivain
vertueux & ſenſible. Or un homme de cette trempe
eût-il avancé mille erreurs, je le réfuterois, mais je
ne lui enfoncerois pas le poignard dans le cœur. Qui
peut ſoutenir l'idée d'avoir fait verſer une larme à
la vertu ? Ce n'eſt pas l'intention de M. le C. de
M***, j'en ſuis bien ſûr. Il a été entraîné par ſon
averſion pour les Charlatans qui abuſent & vivent de
la crédulité publique, averſion que je partage avec
lui ; mais il ne devoit pas confondre, au moins, ſans
l'avoir vu, ſans avoir touché, pour ainſi dire, ſon
ame calleuſe, ſi elle l'eſt ; il ne devoir pas, dis-je,
confondre M. L. avec les Joueurs de Gobelet du
ſpiritualiſme.

(19) Le fameux Lord Shaftesbury a fait une Lettre
contre l'enthouſiaſme. Je ne l'ai pas lue, mais par
une eſquiſſe que j'en ai vue, il paroît qu'il cher-
choit ſur - tout à prévenir les ravages de quelques
faux Prophetes, qui vouloient tout incendier en
ameutant les eſprits. Il devoit intituler ſa Lettre: ſur
le faux enthouſiaſme.

paſſe celui des autres. Car lorſqu'il paroît ſur l'horiſon, une ame fortement trempée, qui annonce de grandes vérités, qui force tous les yeux à ſe porter ſur elle, alors s'attachent à ſa ſuite une foule d'intriguans, qui font de ſes découvertes une branche de ſpéculation, & qui, grimaçant ſa phiſionomie, eſperent de duper le Public crédule, & trop ſouvent y réuſſiſſent. Les vrais Philoſophes ne peuvent démaſquer avec trop de vigueur ces vils Plagiaires; ils doivent crier contre l'hypocriſie & le trafic de l'illumination, mais non pas contre l'illumination. En ne plaiſantant que ſur ce dernier état, ils manquent leur but, ils décrient ce qui eſt reſpectable, reſpectent ou laiſſent dans le ſilence ce qui eſt condamnable. Ils encouragent l'hypocrite qui fait alors cauſe commune avec l'homme vertueux, & qui ſe ſauve ſous ſon abri.

Il eſt un moyen infaillible de diſtinguer ici le faux du vrai. Toutes les fois que l'Illuminé a des vues ou ambitieuſes, ou intéreſſées, ou matérielles, ſoyez certain qu'il joue l'illumination, & n'héſitez pas à dévoiler ce fripon.

La Philoſophie a été auſſi un inſtrument d'eſcroquerie dans la main des Sophiſtes. Mais de même qu'il ſeroit abſurde de faire réjaillir ſur les vrais Philoſophes les injures que méritent les fourbes qui ſe décorent de ce nom, pour parvenir à la fortune ou à la réputation, il ſeroit injuſte de confondre George Fox, Penn, Bénézet, & les

autres vrais Quakers, avec les faux *amis*, s'il en
est, comme vous le faites entendre, qui se ser-
vent de cette enveloppe pour couvrir leurs vices
ou leurs vues intéressées. Il seroit injuste de confondre l'honnête Lavater avec les Aventuriers qui
font trafic d'illumination & d'extases.

Ce que je dis, peut s'appliquer même aux Catholiques illuminés. Je ne doute point que Fénélon
ne l'ait réellement été. L'onction si suave qui pénetre ses lettres, n'a pu naître que de l'habitude
des extases. Or quel homme assez privé de raison
& de sensibilité pour affirmer que Fénélon étoit
fripon ou fou ——?

Celui-là prononceroit d'un seul mot la condamnation de presque tous les vrais Philosophes, &
sur-tout de Rousseau. Lisez ses Dialogues avec lui-
même. Ils semblent écrits dans un autre monde.
L'Auteur qui n'existe que dans celui-ci, qui n'en
a jamais franchi les limites, n'en écriroit pas deux
phrases.

Si je parcourois la liste de tous les Philosophes
anciens & modernes, je pourrois prouver qu'il
n'en est presque aucun qui n'ait été illuminé,
qui n'ait été en conséquence traité de fou par ses
Contemporains. Platon le fut de son temps, &
Descartes ne dut-il pas paroître en démence, quand,
dans une église, aux piéds de la Divinité, il se
consacra par un serment, à la défense de la vérité ? Et son disciple, le fameux Mallebranche ;

tous fes ouvrages ne portent-ils pas le caractere extraordinaire de l'illumination ? Il fut l'enfant, l'homme de la méditation.

L'exemple de tous ces grands hommes vous prouvera de nouveau, Monfieur, ce que je vous ai déjà démontré, que cet état, loin d'être dangereux à la Société, conduit au contraire à la vertu. Car qui fut plus défintéreffé que Mallebranche, plus fublime que Jean-Jacques, plus bienfaifant, plus voifin de la Divinité que Fénélon ? *

Et obfervez bien que ce défintéreffement, cette fublimité, cette bienfaifance ont été les produits néceffaires de l'habitude de cette contemplation fpirituelle, dans laquelle l'homme *s'ex-organife*, & *s'ex-humanife*, — fi je puis m'exprimer ainfi.

Il me femble qu'en jugeant les hommes extraordinaires, on ne porte pas affez d'attention fur les caracteres de leur vie privée. Je ne dis pas que ce foit toujours une raifon pour croire à leurs fyftêmes; mais c'en eft une au moins pour les juger avec circonfpection, & fur-tout pour ne pas les déchirer. La vertu doit alors faire pardonner l'erreur ; l'efprit ne doit jamais faire pardonner le vice.

Il me femble encore qu'on eft trop prompt à condamner ce qui eft loin de nous, loin de nos idées. On n'apprécie pas, comme il mérite de l'être, le courage de ceux qui ofent applanir de

nouvelles routes. On ne fe pénetre pas affez des
bons effets de l'enthoufiafme excité par des idées
nouvelles.

Tout enthoufiafme fuppofe un mouvement, un
déplacement de l'efprit humain, un vol au-delà
des bornes ordinaires. Ce déplacement eft le réfultat néceffaire des élémens de notre principe
fpirituel, de fon inquiete activité, de fa curiofité
pour connoître le vrai, pour jouir du meilleur.
Cette activité fouvent égare l'ame dans les erreurs
ou les chimeres; mais fouvent auffi elle la porte
à découvrir des vérités utiles. Arrêter l'enthoufiafme par des plaifanteries, c'eft donc borner le
nombre des vérités; c'eft circonfcrire la perfecti-
bilité de l'homme.

Je dis plus; on fert par ces plaifanteries, la
caufe de la tyrannie : car, puifque parmi ces vérités découvertes ou à découvrir, il en eft qui
peuvent lui être funeftes, il eft de fon intérêt de
s'oppofer à l'enthoufiafme qui les fait découvrir,
propager, adopter. Par une fuite de ce fyftême,
les Tyrans voudroient réduire l'homme à l'état
de machine. Un Néron, s'il en exiftoit, ne verroit qu'avec effroi l'état actuel des efprits. Il ne
les verroit qu'avec effroi, agités par une fermen-
tation fourde, cherchant fans ceffe à fe dépla-
cer, tourmentés par la compreffion qu'ils éprouvent, & faifant des efforts pour s'en délivrer. Il ne
verroit qu'avec effroi, les uns s'élancer dans les

régions de la Métaphysique , & se balancer hardiment entre la Divinité & l'homme; d'autres pénétrés de sa dignité , se révolter de ce que quelques individus veulent la dégrader , tous se mouvoir avec le même enthousiasme , soutenir leurs systêmes avec énergie, occasioner des discussions qui instruisent les peuples.

La tyrannie tendant sans cesse à retarder les lumieres , il faut à l'individu seul & obscur qui lui résiste, un point d'appui; & il n'en est aucun aussi fort que l'enthousiasme. Armé de la conviction intime qu'il défend la vérité, s'élevant au-dessus de toute crainte , parce qu'il s'éleve sans cesse au-dessus de la terre, l'enthousiaste ébranle les esprits, & n'est jamais ébranlé par la force (20).

Son existence est un vrai bienfait pour la Société qui le possede; il parvient à lui communiquer son état d'exaltation. L'enthousiasme, en effet, portant les esprits dans une sphere plus élevée, les accoutume à une certaine élévation qu'ils conservent, quand ils descendent dans le cercle or-

_____

(20) Croyez-vous, Monsieur, que la vérité tînt long-tems dans un esprit froid contre la tyrannie? Qu'un Phalaris voulût forcer un Géometre à convenir que deux & deux font cinq , certainement le Géometre obéira. Substituez à la Géométrie, un objet plus digne de l'homme & susceptible d'enthousiasme, & le tyran se verra démenti.

dinaire des chofes. Les enthoufiaftes, les illuminés n'ont ni le même langage, ni la même phyfio-nomie que les fimples humains. C'eft un langage célefte, une phyfionomie noble qui électrife puif-famment ceux qui la contemplent (21). Obfervez l'homme qui eft fouvent en communication avec, lui-même, avec Dieu. La férénité regne fur fon vifage, le bonheur eft fa vie. Il 'a quelque chofe d'impofant dans les regards, qui femble vous avertir de votre inferiorité. Devant lui, la vanité fe rapetiffe, le. vice rougit, la vertu foible fe fortifie. Ainfi, l'enthoufiafte de la vérité, de la vertu, maîtrife par fa préfence, & *par une vo-lonté forte & conftante* toute une Société.

------

(21) Je vais dire quelque chofe qui fera tire les gens à préjugés, mais qui peut être un fujet neuf de méditation pour les bons efprits. La phyfionomie de l'enthoufiafte, de l'illumine, de l'homme vertueux, eft même un électrifateur puiffant pour celui qui la poffede. Qu'il fe regarde dans une glace, il fe lit, il fe voir dans fes yeux comme dans fon ame, & il femble qu'il puife dans fes regards un nouveau feu. Les Magnétiftes regardent les glaces comme un grand moyen de corroborer l'Agent du Magnétifme. Je le crois moyen d'électricité ou de magnétifme moral. L'homme vraiment grand doit donc fouvent fe con-templer, non pour s'admirer, ou pour plaire, mais pour s'electrifer lui-même fans ceffe, pour être fans ceffe en préfence de foi.

Vous, Monfieur, qui avez étudié les fecrets du Magnétifme, qui avez pris place hardiment & malgré la conjuration académique, parmi fes défenfeurs, vous devez connoître les effets finguliers de cette volonté, de cet enthoufiafme bienfaifant, dans lequel tout le fyftême magnétique fe réfout. Ceffez donc d'être l'ennemi des enthoufiaftes, des illuminés, ceffez de les ridiculifer ; je ne vous dirai plus qu'un mot fur ce point. Si le ridicule eût arrêté George Fox & Penn, quel malheur pour l'humanité ! On auroit continué de maffacrer les Sauvages en Amérique ; on n'y auroit pas fitôt affranchi les Negres ; les principes d'égalité & par conféquent de la démocratie ne fe feroient pas étendus, & n'auroient pas accéléré la révolution de l'Amérique. Voilà ce qu'on doit à l'efprit d'illumination & d'enthoufiafme.

Ceffez encore de décrier le culte des Quakers, parce qu'il vous a paru *trifte & agrefte*. Il eft fimple & conféquemment il honore davantage la Divinité. Il éloigne les efprits de l'idolâtrie ; & comme il borne les efprits à la méditation, il les force à s'occuper réellement de l'Être fuprême, ce qui vaut mieux que de chanter machinalement fes louanges.

Ceffez de tant vanter le culte des Anglicans, parce qu'il vous a paru reffembler à un Opéra, parce que vous y avez vu une *belle* chaire, un *bel* orgue, un *beau* Miniftre, de *belles* femmes ;

párce que vous y avez entendu de bonnes fonates. Grand Dieu ! comparer une Église à un Théâtre ! & les élans de l'homme de bien vers la Divinité, à des Ariettes ! Comment avez-vous pu
defcendre à des comparaifons auffi puériles, auffi
indécentes ? On pardonne à un enfant de fe laiffer
éblouir par de brillans joujoux ; mais qu'un homme
mûr, qu'un Académicien qui prétend au titre de
Philofophe, ne recherche, n'admire dans le culte
de la Divinité que la toilette des femmes, que
la bonne grace théâtrale d'un Petit-Maître en fou-
tane, ne donne-t-il pas une foible opinion de
fon jugement & de fa métaphyfique ? Car quelle
idée avez-vous de la Divinité, fi vous la croyez
mieux priée, mieux honorée par un beau Miniftre & des femmes bien mifes, que par des hommes fimplement vêtus, mais vertueux, avec de
charmantes fonates, qu'avec de bonnes actions ?
Ce goût matériel, on pourroit tout au plus le
prêter à des Dieux fainéans & voluptueux, tels
qu'on dit qu'Épicure les imaginoit ; mais le Dieu
d'un Philofophe n'eft-il pas la fource des vérités
& des vertus ? Ne l'honore-t-on pas mieux en
recherchant les unes par la méditation, en pra-
tiquant les autres, qu'en chantant ou en danfant ?
Et n'eft-ce pas le blafphêmer, s'il étoit fufcep-
tible de l'être, que de lui donner pour ferviteurs
des hiftrions & des farceurs ?

Je fuis loin de vous prêter ces conféquences ;

mais de mauvais plaisans & des esprits foibles les tireront de vos plaisanteries. Combien ne riront-ils pas encore à votre étrange citation du *Déserteur*, à cette comparaison entre le Sectaire qui se trompe, & Montauciel qui voit dans ses Lettres ce qui n'y est pas ?

Voilà de l'esprit académique ! Malheureux esprit qui substitue des pointes ou des calembours à des raisons, qui rapetisse tout ce qu'il touche de plus grand (22), qui dessèche l'ame, rétrécit la vue, défigure les objets ! Encore une fois étoit-ce à l'Auteur du Traité *de la Félicité publique*, de se laisser corrompre par cette épidémie du bel esprit ?

Vous croyez donc avoir bien démontré que

---

(22) Cet esprit perce dans beaucoup d'endroits de ces Voyages. J'en cite un autre trait à l'article des Negres. Il m'en tombe un troisieme sous la main. En décrivant le fameux Pont naturel, l'Auteur n'y voit que *la nature essayant les moyens de l'Art*. C'est donner une aussi grande idée de la nature, que ce Poëte, qui décrivant les grands Météores des Alpes, disoit que les nuages s'elevoient comme une Toile de l'Opéra. On appelle cela de l'esprit ! Si l'on veut rapetisser, dégrader la nature, c'est de la comparer aux foibles moyens de l'homme. Si l'on veut éteindre dans les ames sensibles l'intérêt qu'inspire une belle perspective, un ciel magnifique, une chûte effrayante, c'est d'y transporter un produit de l'Art.

Toutes les Sectes font dans l'erreur, en comparant tous les Sectaires à Montauciel qui ne fait
pas épeler, & en difant qu'il y a un million de
chances pour qu'il ne rencontre pas jufte.

Mais c'eft dire que, comme Montauciel qui,
ne fachant pas l'Alphabet, n'a pas la clef des livres, nous n'avons pas la clef des Sciences; c'eft
dire que nous n'avons ni la raifon, ni le fentiment intérieur, ni la confcience, ces trois flam-
beaux de nos connoiffances & de notre conduite. C'eft dire, qu'il y a un million de chances
pour qu'en matiere de Religion, la vérité n'ait
pas encore été découverte; c'eft dire, que la
bonne Religion ne l'eft pas encore, eft loin de
l'être; car elles font loin d'un million. Or un pareil
fyftême eft-il foutenable? Croyez-vous qu'il n'exifte
aucune vérité religieufe? Ce feroit rendre prefque
tout le genre humain bien malheureux, & mettre
les oppreffeurs bien à leur aife.

Eft-il plus raifonnable de calomnier les Quakers en leur prêtant des difputes fanguinaires, en
difant qu'il vaut mieux les laiffer dans l'erreur,
que de fe couper la gorge avec eux? Eh quoi! les
Quakers cherchent-ils à gagner, à convaincre
quelqu'un? Et fi l'on réfifte, font-ils briller le
fabre, ou allument-ils des Bûchers? Vous ne le
croyez pas, où l'hiftoire vous démentiroit, &
cependant en plaifantant fur toutes les Sectes,

'vous leur prêtez cette atrocité, comme aux autres.

En général, il regne dans tout ce paragraphe un air de persiflage sur les Sectes religieuses, sur le culte de la Divinité que les petits esprits étendront jusques sur la Divinité même. Eh ! Monsieur, ne blâmons dans les Sectes que leur intolérance & les principes qui peuvent engendrer de la haine. Mais louons-les de se rapprocher dans la croyance d'un Dieu & dans l'idée de la nécessité d'un culte.

Les Philosophes, trop acharnés contre certains préjugés religieux, n'ont pas assez senti jusqu'à présent toute l'influence que la croyance d'un Dieu & d'une vie future pouvoit avoir sur les constitutions politiques. Qui croit un Dieu, ne doit craindre personne. Qui croit un Dieu, doit dire la vérité hautement, doit braver les tourmens, la mort même. Qui croit un Dieu, doit aimer tous les hommes, doit les consoler, quand ils sont opprimés, les venger, s'il le peut. Qui croit un Dieu, sera Caton, Sidney, Bénézet, sera tout ce qu'il y a de plus grand, de plus respectable, quand il le voudra, & ne sera jamais ni César, ni Séjan.

Que l'homme est fort, quand il s'appuie d'une main sur la vérité, de l'autre sur la Divinité ! Qui peut lui résister ? Rien. La puissance s'évanouit,

nouit , le glaive menace en vain (23). ─── Vous riez.
──── Voyez les Quakers. Défarmés, ils ont triom-
phé de perfécuteurs armés. Voilà le fruit de l'enthoufiafme.

Principes politiques des Quakers.

ÊTES-VOUS plus heureux, plus jufte, Mon-

(2;) L'Hiftoire d'Angleterre fournit une foule de
preuves de cette vérite. Je ne citerai qu'un éxemple.
Sur la fin du regne ou plutôt de l'oppreffion de
Charles Second , il s'eleva une Secte d'Indépendans ,
qui enfeignoient que ce Prince devoir être dé-
trôné ; parce qu'il avoit viole fa promeffe à la
Nation qui lui rendoir le Sceptre , parce qu'il la
pilloit de toutes les manieres , parce qu'il protégeoit
les Papiftes, parce qu'il perfécutoit les Proteftans ,
parce qu'il etoit aux gages de la France , &c. Tous
ces faits étoient vrais, mais Charles aima mieux
envoyer contre ces Sectaires un Régiment , que de
fe réformer. Il fe battirent en enthoufiaftes , en
défefpérés. La moitie périt, l'autre moitié fut faite
prifonniere. Les Chefs , comme de coutume , furent
exécutés. On offrit le pardon aux autres , à condition qu'ils crieroient feulement : *Dieu béniffe le
Roi.* ──── Sur cinquante Hommes environ qui ref-
toient, pas un feul ne voulut avoir cette condefcen-
dance. Ils répondirent qu'ils aimoient mieux mourir
que de faire un menfonge, & de bénir un Homme
qu'ils déteftoient, & ils moururent. Voyez l'Hiftoire
des Stuards, par Madame Macaulay. ─-─ Tom. VI,
in-4°.

fieur, en attaqnaut les principes politiques des Quakers ? Je ne le crois pas. Il en eſt un qui devroit faire chérir & accueillir leur Secte de tous les Souverains. Par-tout où ils exiſtent, ils reſpectent le Gouvernement, ſe ſoumettent, ne ſe révoltent jamais, ne prennent jamais les armes, quelque mal qu'ils éprouvent. Vous ne leur reprochez pas ce principe de patience, le ſeul peutêtre qui empêche une foule d'hommes de bien, mais énergiques, d'embraſſer leur ſyſtême ; mais vous êtes fâché de ce que par une ſuite de ce principe, ils proſcrivent la guerre, & cet art militaire que vous aimez avec paſſion.

« Couvrant, dites-vous, du manteau de la Re» ligion leur indifférence pour *le bien public*, ils » épargnent le ſang, *le leur ſur-tout*, &c. »

Ici vous abuſez, Monſieur, d'un mot qui, mal entendu, engendre des querelles abſurdes & ſanglantes ; c'eſt le mot de *bien public*. Si par-là vous entendez les diſputes des Souverains, les prétentions reſpectives des Nations qui font verſer tant de ſang inutilement, les Quakers, il faut l'avouer, ſont indifférens pour ces folies, & ne veulent point y contribuer.

Mais ſi par ce mot, vous entendez le bien de l'homme, de l'humanité, c'eſt-à-dire, les conſolations données aux individus ſouffrans, l'aumône faite aux indigens, le zele & la généroſité pour des établiſſemens utiles ; les Quakers, loin

d'y être indifférens, font les premiers & les plus
conftans à confoler, à fecourir, à répandre libé-
ralement leurs richeffes. Ici je vous oppofe à
vous - même ; je vous citerai tout ce que vous
avouez qu'ils ont fait pour le bien public, à
Philadelphie qui leur doit toutes fes fondations
utiles ou néceffaires. Car, quoiqu'ils n'y aient pas
fondé d'*Opéra Comique*, vous conviendrez qu'on
peut faire le bien public, fans faire chanter ou
fauter fur des planches. Je vous citerai ce Bénézet, que vous êtes forcé d'eftimer, ce Mifflin,
dont M. de Crevecœur fait un fi bel éloge, ce
Fothergill, dont toute la vie ne fut qu'un tiffu
de bonnes & de grandes actions. Enfin je vous
citerai cet affranchiffement univerfel des Negres.
Exifte-t-il dans aucune Secte un trait auffi fublime
d'amour pour le bien public ? Croyez-vous que
rendre à la Société, à la vie, à la vertu, des
millions d'êtres miférables, qu'abolir le commerce
le plus infame qui ait jamais été fait, le commerce
du fang humain, croyez-vous, dis-je, que ce ne
foit pas faire millé fois plus pour le bien public,
que de maffacrer par patriotifme quelques milliers
d'Anglois ?

Avouez, Monfieur, que cet efprit de bien public vaut un peu mieux que l'autre, & quand
vous y aurez bien réfléchi, vous ferez convaincu
que les Quakers font amis du bien public, pré-
-cifément parce qu'ils fe font montrés indifférens

E ij

aux extravagances qui, depuis deux siecles, déchirent & ruinent l'Angleterre. Quoi donc ! Vous les blâmeriez de n'avoir pas fait des vœux pour ce lâche despote, Charles II, que l'exemple de son pere n'avoit pas corrigé, qui ne fit jamais la guerre que pour voler de l'argent à ses sujets & le prodiguer à ses Maîtresses ? Pour cet ambitieux Guillaume qui ne respiroit que le sang, & qui fabriqua le premier anneau de cette chaîne pesante, de cette dette nationale, dont le poids écrase aujourd'hui l'Angleterre ? Pour cette Anne successivement maîtrisée par d'ambitieux ou d'obscurs favoris, qui n'eut que de petites vues, n'obéit qu'à de petites intrigues, & ne connut jamais son peuple ? Pour cette guerre absurde de la succession d'Espagne ? Pour cette autre guerre de l'empire, aussi folle, aussi dispendieuse ? Enfin, vous les blâmeriez de n'avoir pas, avec Clive, assassiné des Nababs, les bienfaiteurs de l'Angleterre ; avec Verelst, précipité trois millions d'Indiens au tombeau au travers des horreurs de la famine ; avec Hastings, exterminé cent mille Rohillas ; enfin, de n'avoir pas avec tous les déprédateurs de l'Inde, volé, enchaîné, massacré le peuple le plus doux, le plus tolérant, le plus vertueux qui existe sur la terre ?

Si cet amoncelement d'atrocités nationales est ce que vous appelez le bien public, il y a plus que de la vertu de ne pas y tremper les mains ; c'est un devoir de s'en éloigner. Avouez-le,

Monſieur , ce bien Public n'eſt dans la réalité que le bien de quelques individus , le bien des Miniſtres , le bien des Militaires , qui par paſſe-tems ou pour s'avancer, deſirent charitablement que les Nations s'égorgent ſouvent. Mais ce bien public eſt le mal général , le mal de toutes les Nations , le mal du Peuple toujours foulé , qu'il ſoit vainqueur ou vaincu. Louons donc les Quakers de leur indifférence pour ce prétendu bien public ; louons-les de gémir ſur ces cala-mités , de ne vouloir jamais y contribuer , & d'accorder ainſi la Religion & l'humanité.

Ils épargnent le ſang. Eh ! tant mieux. N'y en a-t-il pas déjà aſſez qui le prodiguent ? N'eſt-ce pas aſſez du million de bayonnettes qui d'un bout de l'Europe à l'autre, ſont pointées ſur nos ſeins ? N'y a-t-il pas aſſez de bourreaux ? Et faut-il faire un crime aux Quakers de ne pas figurer dans cette liſte des exterminateurs du genre humain ?

Ces hommes ſages ont bien vu que la baſe premiere du bonheur univerſel, étoit la paix uni-verſelle , que l'acheminement à cette paix étoit l'anathême prononcé ſur l'art de la guerre ; ils ont bien vu que les diſcours ne ſerviroient à rien , ſi les faits ne les ſecondoient , que les Souverains trouveroient le ſecret de perpétuer les guerres , tant qu'ils pourroient ſoudoyer des mains pour égorger , & ils ont auſſitôt réſolu de ne jamais prendre les armes , de ne jamais contribuer de

leurs richeſſes à aucune guerre. On les a tourmentés, martyriſés, volés, empriſonnés, ils ont
tout ſouffert, & enfin laſſée par leur conſtance,
la tyrannie. les a exemptés du ſervice militaire;
elle a été forcée de prendre même des détours
pour arracher d'eux des contributions. Et en effet
pourquoi les Quakers en payeroient-ils, diſoit Fox ?
Et-ce pour ſoudoyer des militaires ? Ils n'en
veulent point. Des Prêtres ? Ils n'en veulent
point, ils le ſont tous. Des Magiſtrats ? Ils n'en
veulent point, ils n'ont pas de procès.

Je vous le demande à préſent, ſi toutes les
Sectes euſſent adopté cet eſprit anti-militaire,
ſi toutes prononçoient anathême à la guerre, que
deviendroient nos Héros, lorſqu'aucun automate
ne ſe laiſſeroit plus dreſſer à l'art infernal de tuer
ſon ſemblable ? Que deviendroit l'ambition des
Conquérans, lorſque tous les hommes changés
en Quakers, refuſeroient, d'un commun accord &
avec une fermeté inébranlable, de ſeconder avec
un fuſil leurs prétentions ?

O ! ſi nous aimons le bien Public, faiſons donc
des vœux pour que cette Secte ſublime s'étende
par-tout, couvre tout le globe; ou faiſons des
vœux au moins, pour que ſes principes humains
ſoient univerſellement adoptés; alors ſe réaliſera
cette paix univerſelle (24), que les Quakers ont

_____

(24) Les gens à préjugés, ou intéreſſcs à l'exiſtênce

déjà réalifée dans les contrées où ils font plus nombreux. Que les ambitieux qui foupirent après les Rubans & les Croix , trouvent déteftable cet ordre de chofes , qu'ils nous ridiculifent , nous foupçonnent de lâcheté , en publiant que nous voulons épargner notre fang , fi c'eft un ridicule, mieux vaut l'avoir , que d'être le bourreau de fon frere.

---

des abus actuels , appellent *déclamateurs* ceux qui prêchent cette Paix univerfelle & qui s'élevent contre la Guerre. Cependant les Nations profitent de ces fermons des déclamateurs , rout en les ridiculifant ; & pour le prouver , je demande aux partifans de la Guerre , fi le goût en eft auffi effréné , auffi généralement répandu aujourd'hui , qu'il l'étoit , par exemple , du tems des Croifades ? La Guerre n'eft plus une fievre , une fureur ; c'eft une fpéculation pour tout le monde. Or c'eft déjà un grand pas de fait que d'avoir changé la fureur en calcul ; car à préfent il ne s'agit plus que de prouver que la Guerre eft une mauvaife fpéculation *pour tout le monde*. A qui doit-on ce changement dans les idées , finon aux Philofophes qu'on appelle des déclamateurs ? --- Il faut mettre le mot de déclamateur à côté de celui de *tête exaltée*. Il eft de la même force , & on s'en fert au même ufage , c'eft-à-dire , pour tourner en ridicule l'Homme de génie qui s'eleve hardiment contre les abus dont on eft convenu de vivre & de rire , & qui parle avec dignité des droits de l'Homme.

E iv

· Vous avez fait, Monſieur, cette plaiſanterie ſur les Quakers. Vous avancez qu'ils fuyent la guerre, ſur-tout *pour épargner leur ſang ;* comme ſi le Quaker, qui ne porte point d'armes, qui ne ſe défend pas, n'eſt pas au milieu d'une guerre plus expoſé que celui qui en porte, qui ſe défend; comme ſi le Sauvage reſpeƈtoit davantage ſa chevelure, & le vainqueur Européen, ſes jours.

Non, ce n'eſt pas pour épargner leur ſang que les Quakers évitent la guerre, mais pour épargner celui de leurs ſemblables. En pouvez-vous douter, lorſque vous les avez vus dans la guerre d'Amérique, braver tous les périls pour porter des ſecours à leurs freres, à leurs compatriotes, à leurs ennemis même ?

Si vous doutiez encore de leur courage, reportez-vous au tems de leurs perſécutions. Liſez leur martyrologe; voyez-les tranquillés & ſereins dans leurs cachots, inébranlables devant leurs Juges, montant intrépidement à la potence. Voyez les femmes même partager ce courage, braver les tourmens & défier les bourreaux (25).

---

(25) Je n'en citerai qu'une, Marie Dyer, une des plus intrépides héroïnes du Quakériſme. Quand on lui eût prononcé ſa ſentence de mort, elle dit : que la volonté de Dieu ſoit faite. Le Juge ordonna de l'emmener; elle lui dit : oui, j'irai avec joie au ſupplice. Au pied de l'échelle où ſes deux Compa-

Il y a loin, Monfieur, de ce courage à celui
d'un militaire le jour d'une bataille. Le courage
de celui-ci eft prefque en entier le produit de
toutes les circonftances étrangeres qui l'environ-
nent, qui fe faififfent de fon ame, de tous fes
fens. Le bruit des armes, du canon, bruit qui lui ôte
toute réflexion, la néceffité de donner la mort,
s'il ne veut la recevoir, la chance de lui échapper, les regards de fes voifins & de fon Général,

---

gnons avoient fouffert le Martyre, elle s'écria : voilà
la plus grande joie dont je puiffe jouir. Nul cœur
ne pourroit comprendre les douces influences & les
rafraîchiffemens de l'efprit du Seigneur dont je
jouïs à préfent. Prête à fubir la mort, elle reçut
fa grace, fut reconduite en prifon. Delà elle écrivit
à la Cour générale une Lettre, où elle lui repro-
choit d'être coupable du fang Innocent, où elle
difoit qu'elle regardoit fa compaffion comme une
cruauté. Marie Dyer fut bannie; malgré fa Sentence,
elle revint à Bofton, & fut de nouveau condamnée
à mort. Elle dit au Juge qui lui prononçoit fa
Sentence : tu ne m'en dis pas plus qu'auparavant. Je
fuis venue pour t'exhorter à changer tes Loix ; puifque tu me condamnes, Dieu enverra d'autres Servi-
teurs. On lui offrit fon pardon, fi elle vouloir s'en
retourner & s'abftenir de prêcher, elle ne voulut
pas y confentir, & elle périt.

Voyez l'article de mon Journal fur les Quakers
ci-devant cité.

l'espoir de lauriers, de Croix, tout le soutient ; tout l'anime, tout le porte à ce qu'on appelle héroïsme ; mais tout cela lui est étranger.

Combien différent est le courage d'un individu qui, martyr de ses opinions politiques ou religieuses, marche pour elles vers l'échafaud ! Tout ce qui l'entoure est contre lui, ou détaché de lui. Seul contre tous, il a devant lui l'image d'une mort certaine, l'appareil de son supplice. Point de fuite, point d'honneurs, point de Rubans à espérer. Tout va finir pour lui, & cependant il voit, il embrasse la mort sans trembler ; voilà l'homme vraiment courageux, voilà le Héros. Son courage est dans lui, vient de lui. Il meurt seul, il meurt en voyant la mort venir. Tels ont été Russell, Sidney, Barnevelt, Dewitt, &c. Tels ont été parmi les Quakers tous ceux qui pour leurs opinions ont bravé les prisons & la mort. Oserez - vous à présent plaisanter sur leur courage, sur leurs singularités, sur leur tutoiement, sur leur style ?

S'il étoit de beaux esprits qui, suivant votre exemple, voulussent encore décrier par des sarcasmes la Secte la plus respectable qui existe, je répéterois ici ce que j'ai dit ailleurs : je leur pardonne leurs épigrammes, s'ils peuvent dire au lit de la mort, ce qu'une descendante du célèbre Penn disoit : » je n'ai jamais fait à ma connoissance une méchante chose dans ma vie ». Je le leur pardonne, ſi jettés ſur le lit de la mort, dans la fleur de leur jeuneſſe, ils quittent gaiement la vie & ſes plaiſirs, s'ils ont la force, comme la plupart des Quakers, de conſoler ceux qui pleurent ſur eux. Je le leur pardonne, ſi dans le cours de cette vie, ils ont la probité, la douceur & toutes les qualités des Quakers. Qu'ils ayent, ſuivant nos idées Françoiſes, des ridicules, que leur langage nous paroiſſe emphatique & énigmatique, qu'ils croyent même à des erreurs indifférentes, qu'ils tiennent avec trop d'opiniâtreté à des minuties, qu'importé, s'ils ont des vertus? Évitons ces ridicules, mais ayons leurs vertus, ou ſi nous ne pouvons concilier ce double point, faiſons à la vertu le ſacrifice de l'amour-propre, blâmons ſur-tout avec circonſpeƈtion. Juſqu'à préſent on n'a peint les Quakers que ſous un aſpeƈt riſible; à Paris comme à Londres, on les a expoſés indécemment ſur la ſcene. Il s'eſt trouvé des Ariſtophanes qui ont immolé ces Socrates au Public. Que ce Public abjure ſon préjugé, qu'il les obſerve, qu'il les étudie, il ne verra que ſimplicité dans leurs dogmes, que pureté dans leur morale, qu'un parfait accord entre leur morale & leurs mœurs; il verra de l'énergie, de la ſublimité dans leur caraƈtere, ce caraƈtere reſté intaƈt au milieu des ſéduƈtions de la plus affreuſe corruption, ce caraƈtere que l'égoiſme, ce poiſon univerſel, reſpeƈte encore aujourd'hui. Car l'égoiſme eſt un vice inconnu au Quaker. Tous les Quakers font fes amis, fes freres. Il fe réjouit de leur joie, il pleure de leurs maux, il les foutient dans leurs befoins, fon amitié s'étend fur tout le genre humain, c'eft fa famille, il aime à faire du bien à tous ceux qui la compofent. Puiffe cetté morale fe répandre, être imitée, pratiquée par-tout ! Mais elle ne trouvera des imitateurs que lorfque les hommes auront le courage d'adopter la fimplicité des Quakers, car jamais le luxe ne fera, ne peut-être humain. Les richeffes d'un Créfus feront toujours furpaffées par fes dépenfes ; l'homme qui facrifie aux plaifirs, connoit bien rarement celui de faire le bien.

Trois fortes de vices ou plutôt de crimes ont amené tous les maux qui défolent la terre, tels que le defpotifme, les guerres, les injuftices publiques & particulieres. Ce font l'ambition, la cupidité, le luxe. Or les Quakers n'ont point d'ambition, puifqu'ils renoncent à tout pouvoir ; ils n'ont point de cupidité, elle feroit fans objet ; ils n'ont point de luxe (26). Voilà donc la Secte qui convient aux États qui veulent éloigner de leur fein le defpotifme & tous les crimes politiques. C'eft la Secte des Républiques (27), c'eft la Secte

_____

(26) *Si luxuriæ temperares, avaritiam non timeres,* a dit Tacite.

(27) Le Docteur Francklin dans des obfervations

des Monarchies, elle fouffre, on fuit. En un mot, c'eft la Secte de l'humanité, puifque l'humanité ne feroit plus qu'une famille paifible & aimante, fi le Quakérifme étoit univerfel.

Et voilà cependant la Secte que vous avez calomniée ! Je n'en·fuis pas furpris. Les Quakers déteftent l'art militaire, & vous êtes militaire ! Ils font peu de cas de l'efprit, comme nous l'entendons, & vous décélez des prétentions à l'efprit, & vous êtes Académicien 1 Ils enfeignent l'égalité des hommes & des conditions, & vous êtes homme de condition (28).

---

fur la Population imprimées en 1751, remarque avec raifon que les Sectes qui peuplenr le plus, font celles qui, à la fimplicité des mœurs, joignent l'ordre & l'économie, parce que de ces fources dérivent l'aifance & la facilité d'établir un plus grand nombre d'enfans. Et voilà pourquoi les Quakers font fi nombreux dans la Penfilvanie.

(28) Croira-t-on que dans l'extrait de ces Voyages, publié dans le Journal de Paris (21 Mai 1786) on a diftingué cet article des Quakers ainfi que celui des Negres dont il va être queftion, comme deux morceaux excellens. Je dois obferver ici, à l'honneur de fon eftimable Rédacteur, M. Sautreau, que cet article n'eft fûrement pas de lui. Il eft trop inftruit dans l'Hiftoire, il a trop de morale, & de véracité, pour que ce Panégyrique foit forti de fa

Comme je finiffois cet article pour la défenfe des Quakers, & qu'il étoit prefque entiérement imprimé, un Penfilvain qui les eftime profondément, parce qu'il les connoît à fond, & que votre diatribe contr'eux a douloureufement affecté, m'a fait parvenir les réflexions fuivantes. Je les traduis dans leur énergiquè fimplicité, fans y ajouter aucun commentaire. Elles auroient fuffi pour réfuter complétement vos affertions.

« La réputation de cette Secte eft fondée fur une foule de titres, fur une auftérité de mœurs, & une févérité de principes qu'aucune autre Secte n'a égalées, & principalement fur le bien qu'elle fait depuis un ficele en Amérique ».

L'acte du Parlement d'Angleterre qui, en matiere civile, reçoit la fimple affirmation des Quakers, & les exempte du ferment auquel toutes les autres Sectes font affujetties, eft l'éloge le plus complet de leurs principes, de leur morale, & de leur fermeté.

Quand on connoît, quand on examine bien attentivement la conftitution de leurs Églifes, leurs Écoles, leurs Hôpitaux, leurs tréfors de charité, on y obferve une phylantropie qui devroit défarmer le ridicule & l'envie.

---

plume. Il faut être ou bien ignorant, ou bien vil flatteur, pour avoir loué tant de chofes qui ne méritent que le blâme.

Que de bien ces trésors de charité n'ont-ils pas fait pendant la derniere guerre ?

Quel pere, connoissant l'éducation des Quakers, ne la préféreroit pas à celle de toute autre Secte ?

Point de Secte où il y ait autant de personnes des deux Sexes instruites & même savantes.

L'affranchissement des Negres dont ils se sont fait une loi religieuse, est un des plus beaux monumens élevés à l'humanité.

La bienfaisance, qui est une des bases du caractere des Quakers, se remarque dans tous ; mais elle a brillé sur-tout dans le bon Thomas Fothergill qui à passé sa vie à guérir les malades, & à assister & à consoler les malheureux. Il donna pendant sa vie plus de 300 mille guinées aux pauvres. C'est lui qui imagina le beau projet d'enseigner aux malheureux habitans de la côte de Guinée, à planter les cannes de sucre, au lieu de les cultiver pour les Blancs dans un continent étranger (29).

---

(29) Voici deux traits qui feront connoître aux François ce Bienfaiteur de l'humanité. ---- Un de ses amis qui avoir à Londres un petit Vicariat de cinquante guinées par an, avec lequel il étoit obligé de fournir à la subsistance de sa femme & d'une nombreuse famille, eut le malheur de la voir attaquée d'une maladie épidémique. Cinq de ses enfans

La calomnie qui s'attache aux Quakers, ne devroit-elle pas encore se taire, quand elle voit

---

avec la mere en furent saisis tous à la fois. Cette situation eroit désespérante. Ce Vicaire n'osoit avoir recours à Fothergill, parce qu'il n'avoit pas le moyen de payer ses honoraires. Il communiqua son embarras à un autre de ses amis qui offrit de les payer pour lui. ⸺ Ils allerent ensemble chez le Docteur qui refusa les honoraires, alla visiter la famille désolée, & ne l'abandonna point qu'elle ne fût guérie. Le Vicaire ne savoit comment lui témoigner sa reconnoissance. Mais il fut bien surpris, quant il vit Fothergill, au lieu de recevoir son argent, lui donner dix guinées, & le prier d'avoir recours à lui quand il se trouveroit gêné.

L'autre trait qui concerne l'institution d'une maison d'éducation pour les Quakers à Ackworth, seroit trop long à raconter; je n'en donnerai que la substance. Cet établissement est aujourd'hui très-florissant. Fothergill forma une souscription pour acheter le terrein, les bâtimens, quatre-vingt arpens de terre, pour fonder une rente, & il fournit lui-même la majeure partie de cette souscription. Il y a aujourd'hui environ trois cens enfans des deux sexes dans cette Ecole des Quakers ; tous décemment vêtus, bien nourris, & élevés dans les arts ou professions auxquels ils sont destinés. On leur enseigne la morale; on leur apprend à pratiquer la décence, la régularité, la subordination envers leurs Supérieurs, l'indulgence les uns envers les autres, & sur-tout

parmi

parmi eux Antoine Bénézet , dont toute la vie a été consacrée au service de ses semblables ? Modeste , simple , fuyant la pompe , bravant les ridicules , les périls , les préjugés , il ne s'occupoit que des autres , jamais de lui. A sa mort, arrivée en 1784 , il fut regretté universellement. Son convoi fut suivi par tous les Citoyens de Philadelphie ; plus de quatre cens Negres , dont il avoit procuré l'affranchissement , & qu'il avoit instruits , arroserent son cercueil de leurs larmes. Ce Bienfaiteur des Noirs voulut encore leur être utile après sa mort. Il légua toute sa fortune pour le soutien des Écoles qu'il avoit établies , afin de les instruire & de les rendre plus dignes de la liberté qui leur avoit été accordée par la belle loi de 1780. ----

C'est encore à son zele, en partie, qu'on doit l'existence de cette Société , récemment établie pour encourager l'affranchissement des Noirs , pour protéger ceux qui ont reçu ou doivent recevoir leur liberté. ----

Vous avez connu, vous avez entretenu, Monsieur , cet homme admirable , cet Ange de bien-

---

l'habitude du silence & du recueillement , autrefois tant recommandés dans les Écoles de la Philosophie ancienne, & sans lesquels il ne peut y avoir de vraie science. ---- Voyez la Vie de Fothergill , par les Docteurs Hird & Elliot.

F

faifance, & vous avez eu le courage d'écrire
votre article contre les Quakers ! Comment fon
image n'eft - elle pas venue troubler vos idées,
lorfque votre, plume décrioit fes freres, ceux qu'il
chériffoit, qu'il portoit dans fon fein ? ---- Comment ne vous êtes-vous pas dit : Bénézet peut-il
appartenir à une bande de fripons & d'hypocrites ? Comment ce mot fi fublime que vous racontez de lui, ce mot qu'il prononça, quand
vous lui parlâtes de nos Abbés à cent mille livres
de rentes : *il y a là de quoi bâtir bien des hôpitaux.* ---
Comment ce mot, dis-je, ne vous a-t-il pas
défarmé ? Ce mot ne peint pas la ferveur bien-
faifante d'un feul homme ; il appartient à toute
la Secte. Quand une Secte eft déclinante, elle
n'a plus cet efprit, elle ne l'infpire plus ; Bénézet
ne pouvoit être membre d'une Secte corrompue.
Tant de fublimité contrafteroit trop avec la
baffeffe de l'hypocrifie !

Juftification des Negres.

Je copie votre plus long article fur les Negres.
» Au-deffous de cette claffe d'habitans, (des
» Blancs fans propriété de la Virginie,) il faut
» placer les Negres qui feróient encore plus à
» plaindre qu'eux, fi leur *infenfibilité naturelle*
» *n'atténuoit pas en quelque façon les peines atta-*
» *chées à l'efclavage.* En les voyant mal logés,

» mal vêtus, & fouvent accablés de travail, je
» croyois que leur traitement étoit auffi rigoureux
» que par-tout ailleurs. Cependant on m'a affuré
» qu'il étoit infiniment plus doux en comparaifon
» de celui qu'ils éprouvent dans les Colonies à
» fucre. En effet, on n'entend pas *habituellement*
» comme à St. Domingue & à la Jamaique le
» bruit des fouets, & les cris des malheureux
» dont on déchire le corps par lambeaux. C'eft
» qu'en général le peuple de Virginie eft plus doux
» que celui des Colonies à fucre, qui eft tout
» compofé de gens avides & preffés de faire for-
» tune, pour s'en retourner enfuite en Europe;
» c'eft que le produit de la culture n'étant pas
» d'une fi grande valeur, le travail n'eft pas exigé
» avec tant de févérité, & pour tout dire, à
» charge & à décharge, c'eft que les Negres y
» font de leur côté moins fourbes & moins vo-
» leurs que dans les Ifles, parce que la propaga-
» tion de l'efpece Noire étant ici très-rapide &
» très-confidérable, la plupart des Negres font
» nés dans le pays, & on remarque que ceux-là
» font communément *moins dépravés* que ceux
» qu'on a importés d'Afrique. Il faut auffi rendre
» cette juftice aux Virginiens, c'eft que plufieurs
» d'entr'eux traitent leurs Negres avec beaucoup
» d'humanité. Il faut encore leur en rendre une au-
» tre qui leur eft plus honorable; c'eft qu'en général
» ils paroiffent affligés d'en avoir, & qu'ils parlent

» sans cesse d'abolir l'esclavage, & de chercher
» un autre moyen de faire valoir leurs ter-
» res, &c. &c

» Quoi qu'il en soit, il est heureux que diffé-
» rens motifs concourent à dégoûter les hommes
» de cette tyrannie qu'ils exercent, du moms sur
» leur propre espece, si on ne peut pas dire dans
» la rigueur du terme, *sur leurs semblables;* car
» plus on observe les Negres, plus on se persuade
» que la différence qui les distingue de nous, *ne*
» *consiste pas seulement dans la couleur,* &c. &c.

» En voilà assez sur cet objet qui n'a pas
» échappé à la politique, & à la Philosophie de
» nos jours. Je dois seulement m'excuser de l'a-
» voir traité sans déclamation; mais j'ai toujours
» pensé que l'éloquence ne peut influer que sur
» les résolutions du moment, & que tout ce qui
» ne se fait qu'avec le temps, ne peut être fait
» que par la raison. Au reste, il est aisé d'ajouter
» dix ou douze pages à ce petit nombre de ré-
» flexions qu'on peut considérer comme une sim-
» phónie composée seulement des parties princi-
» pales, *con corni ad libitum* ».

Quand on lit ce passage avec attention, on
est surpris d'y trouver un mêlange singulier de
principes contradictoires; & tout à la fois le ton
d'un Philosophe, & celui d'un Colon; le ton
d'un défenseur des Negres, & celui de leur ennemi.

Il paroît bien qu'en Philofophe & en ami de
l'humanité, vous penchez à adoucir le fort des
Negres, & à louer ceux qui l'adouciffent. Mais
fous cette douceur même, il fe gliffe un venin
bien dangereux qu'il importe de découvrir. C'eft
de la pitié que vous accordez aux Negres, &
vous leur devez, fi vous êtes Philofophe, juftice
& défenfe ; c'eft de l'humanité que vous fouhaitez
aux Maîtres, & ils leur doivent juftice. Vous
les louez de cette humanité, vous deviez les blâ-
mer d'en refter-là. Enfin il regne dans tout cet
article un air de mépris pour les Negres, qui ne
peut qu'encourager leurs bourreaux à les retenir
dans l'efclavage. Ce mépris ne perce-t-il pas, par
exemple, dans cette premiere phrafe ?

« Au-deffous de cette claffe d'hommes (c'eft-
» à-dire, des Blancs les plus méprifés de la Vir-
» ginie,) il faut placer les Negres qui feroient en-
» core plus à plaindre qu'eux, fi leur *infenfibilité*
» *naturelle n'atténuoit pas en quelque façon les peines*
» *attachées à l'efclavage* ».

Eh ! qui vous a dit, Monfieur, que la nature
avoit créé les Negres moins fenfibles que les autres hommes ? En jugez-vous ainfi, parce que depuis trois fiecles, ils végétent dans les fers des
Européens, & qu'ils n'ont pas encore *tous* fecoué
ce joug horrible ? Mais leurs révoltes continuelles,
les cruautés que de temps en temps ils exercent
par repréfailles fur leurs maîtres, ne démentent-

elles pas cette infenfibilité naturelle ? Car l'être
infenfible ne conferve point de reffentiment. S'il
n'a pas de fenfation, comment en auroit-il la
mémoire ? Et ces malheureux Indiens qui, depuis
la découverte du Nouveau-Monde, s'enterrent &
fe remplacent fi rapidement dans les Mines du
Pérou, vous les croirez donc auffi naturellement
infenfibles, parce qu'ils fouffrent patiemment ?

Vous calomniez ici la Nature, en lui prêtant le projet d'accorder des faveurs à certains hommes, en lui prêtant un fyftême d'inégalité entre fes enfans. Il n'eft qu'un même moule
pour tous les hommes. Les variations qui fépa-
rent les individus, font des jeux du hafard, des
refultats de circonftances qui varient ; mais le
Negre naît auffi fenfible que le Blanc, le Péruvien
que l'Européen.

Qu'eft-ce qui dégrade cette fenfibilité phyfique
& morale ? Le plus ou moins de privation de
liberté. En raifon de ce que l'homme en perd, il
perd de fa faculté de fentir ; il devient moins
homme, il devient malade ou brute. C'eft l'efclavage feul qui abrutit, qui quelquefois infen-
fibilife l'homme ; & vous mettez fur le compte
de la nature, de cette bonne mere qui nous veut
tous égaux, tous libres, tous heureux, vous
mettez fur fon compte un crime qui n'eft que le
crime d'une barbarie fociale ! Et vous partez de
ce crime pour en atténuer un autre, pour atténuer

les toùrmens horribles de l'efclavàge ! Ainfi ce
n'eft pas affez que de violer la nature en tourmen-
tant fes enfans ; c'eft encore au nom de la nature
que des Maîtres font encouragés à les tourmenter !

Car ne donnez-vous pas des armes aux tyrans
des Negres, lorfque vous enfeignez que leur infenfibilité atténue les peines ?

Quoi l parce que la force de l'ame mettoit
Sidney au-deffus des terreurs de là mort, l'infernal Jefferies (30) qui le faifoit exécuter, étoit
moins coupable ! Parce que les Quakers paroif-
foient infenfibles aux outrages, aux coups, aux
fupplices, ils en étoient moins à plaindre, & on
pouvoit les martyrifer ! Maxime dangereufe dont
je fuis bien fûr que vous défaprouvez les conféquences. Encore fi cette infenfibilité que vous
reprochez aux Negres, adouciffoit la cruauté de
leurs maîtres. Mais les bourreaux ne les veulent
pas infenfibles. Ils voudroient qu'ils fuffent tout

---

(30) Ce Jefferies eft bien le plus infâme Chef de
Juftice qui ait exifté en Angleterre. Charles II &
Jacques II, qui connoiffoient fes talens dans la
chicane, fon goût pour la débauche & pour le fang,
fa baffeffe & fes crimes, fe fervirent de lui, pour
exterminer avec le glaive de la Loi tous les hommes
de bien qui foutenoient la conftitution contre leur
tyrannie...... Je cite fouvent l'Hiftoire d'Angleterre.
On ne la connoit pas affez en France, & c'eft
un malheur.

fens, tout nerfs, pour avoir le plaifir de les pénétrer
de douleurs ; & le fupplice augmente en raifon de
l'infenfibilité.

« En voyant les Negres , dites - vous , mal
» logés , mal vêtus & fouvent accablés de travail ,
» je croyois que leur traitement étoit auffi rigou-
» reux que par-tout ailleurs. Cependant on m'a
» affuré qu'il étoit plus doux que dans les Ifles à
» fucre , &c. »

Eh ! pourquoi cette comparaifon , qui femble
infinuer une efpece de juftification des Virginiens ?
Un malheur ceffe-t-il d'être , parce qu'ailleurs il
en exifte un plus grand ? Cartouche étoit-il plus
refpectable , parce qu'il avoit exifté une Brinvil-
liers ? N'affoibliffons point par des comparaifons
l'idée du crime , ne diminuons point l'intérêt dû
au malheureux ; c'eft encourager à commettre le
crime. Les Negres font mal logés , mal vêtus ,
accablés de travail en Virginie ; voilà un fait ;
voilà le délit. Il importe peu de favoir fi les Negres font plus mal traités ailleurs. A quelque
degré qu'ils le foient en Virginie , au plus bas
degré , c'eft toujours une injuftice , une atrocité.

Et à quelle caufe encore les Negres de la
Virginie doivent - ils la diminution des mauvais
traitemens ? Ce n'eft pas à l'humanité , c'eft parce
que la cupidité ne peut pas tirer de leur travail
un auffi grand parti que dans les Ifles à fucre. Si
cet ordre de chofes changeoit , ils feroient donc

martyrifés comme dans les Ifles à fucre. Comment peut-on louer cette humanité forcée ? Comment ne pas fe livrer au contraire à toute l'indignation qu'une pareille conduite doit exciter dans toute ame fenfible ?

« Et pour tout dire à charge . & à décharge,
» ajoutez-vous, fi l'on n'eft pas fi févere en Vir-
» ginie , c'eft que les N_{egres} y font de leur
» côté moins fourbes & moins voleurs que dans
» les Ifles, parcé que la propagation de l'efpece
» noire étant ici très-rapide & très-confidérable,
» la plupart des Negres font nés dans le pays,
» & on remarque que ceux-là font communé-
» ment moins dépravés que ceux qu'on a impor-
» tés d'Afrique ».

Vous faites ici une étrange confufion de caufes & d'effets , & un étrange abus de mots. Démê-lons d'abord les faits. Il y en a de précieux pour la caufe des Negres.

Suivant vous , ils font moins voleurs en Vir-ginie , ils propagent davantage , ils font moins dépravés. Pourquoi ? parce qu'on y eft moins cruel à leur égard. Voilà la caufe & l'effet ; vous avez pris l'un pour l'autre.

On doit conclure de ce fait que s'il n'exiftoit pas même de févérité , fi les Virginiens traitoient leurs noirs , comme leurs femblables, au moins comme leurs domeftiques blancs , ils ne feroient pas plus vicieux que ces derniers.

En général la grandeur dé l'oppreſſion eſt la meſure de ce qu'on appelle improprement *la méchanceté* des eſclaves. Plus les tyrans ſont cruels, plus les eſclaves ſont traîtres, ſcélérats, cruels à leur tour, & un Tibere ne doit pas s'étonner qu'un Macron l'étouffe. Cette méchanceté eſt une punition que le Ciel inflige à la tyrannie.

Doit-on caractériſer les efforts que fait un eſclave pour recouvrer ſa liberté, comme des vices ou des crimes? Dès lors que vous ſortez à leur égard de l'ordre de la nature, pourquoi ɲ'en ſortiroient-ils pas dans leurs rapports avec vous? Vous leur volez leur liberté, & vous ne voulez pas qu'ils volent votre or! Vous les faites gémir ſous les fouets & dans les plus cruels tourmens, & vous ne voulez pas qu'ils ſe débattent pour s'en délivrer! Vous les aſſaſſinez lentement & chaque jour, & vous ne voulez pas qu'ils vous aſſaſſinent une fois! Vous appellez vos atrocités, des droits, & crime, le courage avec lequel ils les repouſſent! Quel bouleverſement d'idées! Quelle affreuſe logique!

Et vous, Monſieur, vous Philoſophe humain, vous vous rendez complice de cette doctrine, en caractériſant les Noirs à la maniere des Marchands de chair humaine! Vous appellez fourberie, vol, dépravation, ce qui n'eſt qu'un effet naturel du reſſort comprimé de la liberté (31). Or un effet naturel peut-il être jamais un crime ? Empêcher cet effet, n'eſt-il pas au contraire le ſeul crime ?

Pour moi, Monſieur, je crois très-fermement que toutes les horreurs commiſes par les Negres, non pas ſimplement contre leurs maîtres, mais contre des tiers ; je crois, dis-je, que ces horreurs feront, au tribunal de l'Éternel, imputées & à 'ces maîtres, & à leurs infâmes trafiquans. Je crois fermement que nulle Juſtice au monde n'a le droit de faire monter un Negre eſclave à la potence, pour quelque crime que ce ſoit, parce que n'étant pas libre, il n'eſt pas *ſui juris*, parce qu'il eſt ſur la ligne des enfans & des fous, parce qu'il eſt preſque toujours ſur la roue & dans un

---

(31) Preſque tous les Ecrivains qui n'ont pas profondément étudié les droits de l'homme, tombent dans cette erreur. J'ai fait remarquer ailleurs (T. 2. du Journ. du Lic. n°. 4. pag. 222.) qu'un Ecrivain, eſtimable cependant pour avoir écrit contre le deſpotiſme du Gouvernement Turc, s'y étoit laiſſe entraîner. M. le Baron de Tott dit que le Moldave eſt fripon, bas, menteur. Pour traduire ces mots dans la langue de la vérité, il faut dire que les maîtres des Moldaves, les Turcs, ſont inuſtes, voleurs, ſcélérats, tyrans ; & que les Moldaves s'en vengent en oppoſant la ruſe à l'oppreſſion, &c. Voilà comme preſque par-tout on accuſe injuſtement le Peuple.

état de défenſe. Je crois que le vrai criminel ;
l'auteur, le garant de ſes crimes eſt celui qui le
premier l'enleva, le vendit, ou le jetta dans des
fers. Et ſi jamais je tombois ſous le couteau d'un
malheureux Maron, ce n'eſt pas ſur lui que frap-
peroit ma haine, mais ſur les blancs qui tiennent
encore des Noirs dans l'eſclavage. Je leur dirois :
c'eſt vous qui expoſez ma vie, en vous armant de
fouets contre vos Negres. Eux & leurs ſemblables
vous ont en exécration ; ils ne voyent dans moi
qu'un blanc ſemblable à vous, ils me ſoupçonnent
tyran comme vous, & je porte la peine due à
votre crime. Malédiction ſur vous !

· Vous avez encore, Monſieur, copié les idées
vulgaires en écrivant que les Negres nés en Virginie étoient moins dépravés que ceux exportés
d'Afrique. Vous appellez dans ces derniers *dépravation plus grande*, une énergie qui eſt la ſuite natu
relle de leur nouvel eſclavage. Ils ſont dépravés,
c'eſt-à-dire, dans votre langue, qu'ils ſont méchans, traîtres, fourbes envers ceux qui les ont
ou enlevés, ou achetés. Ils ne ſont pas dépravés,
c'eſt-à-dire, ſuivant moi, que les moyens d'é
nergie & de violence que leur génie leur inſpire
pour ſe venger de leurs tyrans, ſont juſtifiés par
la nature & les droits qu'ils tiennent d'elle.

Et pourquoi ceux qui ſont exportés, ſont-ils plus
méchans, ſuivant vous ; plus ſenſibles, plus ardens
dans leur vengeance, ſuivant moi ? C'eſt que

n'étant pas fi loin des jours de leur liberté premiere, ils en fentent plus vivement la perte ;
c'eft qu'ayant encore des idées fortes, leur volonté eft forte, leur action eft forte ; c'eft que
n'ayant pas encore contracté l'habitude de l'efclavage, par l'impuiffance de leurs efforts, ils
ont plus de moyens, plus de vigueur. ---

'Ils defcendent bientôt à ce degré - d'apathie,
d'infenfibilité que vous croyez mal-à-propos naturelle en eux : c'eft-à-dire, qu'alors, fuivant
vous, ils deviennent moins dépravés; & je dirois,
moi, que leur dépravation commence avec cette
foibleffe, avec cette apathie. Car la dépravation
eft l'éloignement de la nature, l'abfence des
vertus originelles de l'homme, du courage, de
l'amour de la liberté. ---- Que nos Lecteurs
jugent par cet article, quel étrange abus les
Écrivains ont fait des mots, pour condamner
ces malheureux Negres, & en général, tous les
malheureux.

.. Je ne prétends pas cependant foutenir que tous
les Negres d'Afrique foient généralement bons,
que beaucoup ne foient pas dépravés. Mais en
avançant ce fait, devez - vous le leur imputer
comme un crime *perfonnel ?* Ne devez-vous pas
remonter à la fource étrangere qui déprave les
Negres, fource qui les juftifie perfonnellement?
Elle eft la même pour eux, comme pour les
Blancs. La dépravation de l'homme eft une confé-

quence de l'ufurpation de fes droits, & de fon malheur. Il eft bon, par-tout où il eft libre, par-tout où il eft bien. Il eft méchant par-tout où il eft mal. Ce n'eft ni fa nature, ni le climat qui le déprave, c'eft le Gouvernement où il naît. Or celui des Negres eft prefque par-tout defpotique, c'eft-à-dire, tel qu'il doit néceffairement abrutir & corrompre le Negre.

A cette dépravation occafionnée par le Gouvernement de fon pays, quel degré n'ajoute pas encore le nouvel efclavage où il tombe. Éfclavage bien pire que le premier! Car enfin il n'eft plus au milieu des fiens, plus dans les lieux qui l'ont vû naître, plus avec fes habitudes premieres. Il eft avec des monftres, qui vont vivre & trafiquer de fon fang, & il n'a fous les yeux que l'image de la mort ou d'un travail qui équivaut à un fupplice éternel.

Eh! comment ces images affreufes n'allumeroient-elles pas fon fang? Comment fi le hafard lui préfente une arme & la liberté, ne s'en ferviroit-il pas pour trancher fes jours ou ceux de fon bourreau? Quel blanc feroit moins cruel à fa place? Certes je me crois bon, aimant mes femblables, ayant en horreur l'effufion du fang; mais fi jamais un fcélérat Blanc ou Noir, m'enlevoit à ma liberté, à ma famille, à mes amis; s'il m'accabloit d'outrages & de coups, pour fatisfaire fes caprices; fi je le voyois étendre fes cruautés fur ma femme & fur mes enfans....... A cette idée feule, mon fang bout; je deviendrois un tigre infernal pour lui, la mort ne me fatif-feroit pas, je prolongerois fes douleurs, & jouif-fant de ma vengeance, j'en ferois l'hommage à l'Être Suprême.

Oferiez-vous foutenir que cette vengeance ne fut pas légitime, & dans l'ordre? Et pourquoi le Negre feroit-il plus coupable que moi? Pourquoi appeller dépravation, méchanceté dans lui, ce qui feroit vertu dans moi, dans vous, dans tous les Blancs? Mes droits ne font-ils pas les fiens? La nature n'eft-elle pas fa mere, comme la mienne? Dieu, fon pere, comme le mien? Sa confcience, un guide infaillible, comme la mienne? Ceffons donc de faire pour les Noirs des loix différentes des nôtres, puifque le Ciel les a mis fur la même ligne que nous, les a créés à notre niveau, puif-qu'ils font nos freres, nos femblables....

Ici vous m'arrêtez, vous me dites *que le Negre n'eft pas notre femblable, qu'il eft au-deffous du Blanc.....*

Comment une opinion auffi affreufe a-t-elle pu échapper à la plume d'un Académicien, d'un Écrivain qui s'eft annoncé comme le défenfeur des hommes?

Ne voyez-vous pas déjà les bourreaux de Saint-Domingue en profiter, redoubler leurs coups de fouet, traiter leurs efclaves en machines, à-peu-près comme les Cartefiens traitent les bêtes ? Ce ne font pas nos femblables ; diront-ils : un Philofophe de Paris l'a prouvé.

Quoi ! les Noirs ne font pas nos femblables ? Eh ! n'ont-ils pas des yeux , des oreilles , une figure , des organes, comme les nôtres ? La nature fuit-elle pour eux un autre ordre, d'autres Loix ? N'ont-ils pas un langage, ce caractere particulier à l'homme ? Mais la couleur ! Eh ! qu'importe la couleur ? L'Albinos au blanc fade, l'Indien olivâtre ou cuivré, feroient donc auffi d'une autre efpece ! Ne fait - on pas que cette couleur eft un accident ?

Ils ne font pas nos femblables ! Et n'ont-ils pas les mêmes facultés que nous , la raifon , la mémoire, l'imagination ? Oui , me dit-on, mais ils n'ont jamais fait de Livres. — Qui vous l'a dit ? Qui vous a dit qu'il n'étoit pas des Noirs favans ? Et quand cela feroit , s'il n'y a d'hommes que les Auteurs, toute la race humaine eft donc différente de la nôtre.

Voulez-vous favoir pourquoi il n'exifte pas de Negres Auteurs, ni même éclairés ? Qui vous a fait ce que vous êtes ? L'éducation, les circonftances. Or jamais l'un & l'autre ont-ils favorifé les Negres ? Voyez-les par-tout où ils exiftent. En Afrique ils font miférables & efclaves du defpotifme ; dans nos Ifles , des martyrs perpétuels ; dans les États-Unis méridionaux , des efclaves
inférieurs

inférieurs aux journaliers ; dans le Nord , des domeſtiques ; dans l'Europe , ils ſont flétris par l'opinion publique , proſcrits par-tout comme les Juifs , en un mot , ils ſont par-tout dans un état d'aviliſſement.

On m'aſſure qu'il y a des Noirs propriétaires dans le Nord de l'Amérique ; mais ces propriétaires ne ſont, comme les autres, que d'intelligens culti- teurs ou commerçans. Il n'y a point d'Auteurs parmi eux , parce qu'il y a peu de riches & d'oiſifs dans l'Amérique (32).

Quel mobile pourroit élever un Negre au- deſſus de ſon état d'abjection ? Le chemin de la gloire , & des honneurs lui eſt fermé. Pourquoi donc écriroit-il ?

Les Noirs doivent d'ailleurs avoir les ſciences en horreur. Car elles ne ſont cultivées que par leurs oppreſſeurs , & ne les rendent pas meilleurs.

Dira-t-on auſſi que les Indiens , les Arabes ne ſont pas nos ſemblables , parce qu'ils mépri- ſent & nos arts & nos ſciences ? Dira-t-on que les Quakers ne ſont pas nos ſemblables , parce

(32) On a vu cependant à Londres un Auteur Négre dont les productions ne ſont pas ſans mé- rite , & qui ont été publiées recemment en deux Volumes. Ce Negre s'appelloit *Inigo*. Il a écrit dans le genre de Sterne.

G

qu'ils n'eſtiment ni les Académies, ni les beaux eſprits ?

Enfin refuſerez-vous aux Negres de l'ame, de l'énergie, de la ſenſibilité, de la reconnoiſſance, de la bienfaiſance ? Je vous oppoſerois à vous-même; je vous citerois l'anecdote du Negre de M. Langhedon que vous racontez. D'ailleurs il eſt une foule d'autres traits bien connus qui dé-poſent en faveur des Noirs. Vous en trouverez de frappans dans l'Hiſtoire Philoſophique de l'Abbé Raynal. Un ſeul ſuffit. Le Negre qui ſe tua, lorſqu'il pouvoit aſſaſſiner ſon Maître, dont il avoit à ſe plaindre, étoit plus grand qu'Epic-tete, & s'il a exiſté un Negre d'un caractere auſſi ſublime, il annoblit toute ſon eſpece.

Mais comment avez-vous pu juger que les Noirs étoient différens des Blancs ? Vous les avez vus par-tout dans un état d'eſclavage & de proſcrip-tion. Or pourriez-vous juger de la beauté, par la figure d'une Laponne, de la grandeur d'ame de l'homme par l'ame d'un Courtiſan, des lumieres qu'il peut acquérir par l'ignorance des Eskimaux ? —

Si vous avez vu dans les Negres les traits-de l'homme tellement affoiblis & effacés que vous n'avez pu les reconnoître, j'en conclus, non qu'ils n'appartiennent pas à notre eſpece, mais que par-tout ils ont été cruellement tourmentés, puiſque leur ſervitude les a réduits à cet état de dégénération. J'en conclus, non qu'ils ne font pas hommes, mais bien que les Européens, qui vont à la chaffe des Noirs, n'ont pas été & ne font pas des hommes.

Vous examinez quelle précaution il faudra prendre pour rendre l'affranchiffement des Negres univerfel, fans le rendre dangereux. Je n'entrerai point dans la difcuffion de ce problême délicat ; je la réfefve pour un autre Ouvrage. En attendant, je dois dire en deux mots que jamais les Negres ne feront nos amis, ne feront des hommes, tant qu'ils ne feront pas en tout femblables à nous, tant qu'ils ne jouiront pas de tous nos droits. C'eft la liberté politique qui eft la ligne de démarcation entre le bien & le mal, entre l'ordre & le défordre, entre le bonheur & le malheur, entre l'ignorance & les lumieres. Voulez-vous rendre les Negres dignes de vous ? élevez-les à vous, donnez-leur cette liberté.

Par-là vous éviterez le principal inconvénient que vous croyez attaché à l'affranchiffement des Negres ; c'eft que, quoique libres, dites-vous, ils feront une efpece à part, un corps à part, corps dangereux. Cet à part n'exiftera point, quand vous vous mêlerez avec eux, quand vous effacerez courageufement toute efpece de diftinction. Sans cette condition, je vois des torrens de fang couler, & la terre difputée entre les Blancs & les Noirs, ainfi que l'Amérique l'a été

entre les Européens & les Sauvages. Doutez-vous
de la poſſibilité de ce miracle? Voyez Penn & ſes
compagnons, traitant & ſe mêlant avec les Sauvages; il en fit de bons alliés, de bons amis.

Peut-être, Monſieur, rangerez-vous cet article
parmi ces déclamations ſur les Negres que vous
ridiculiſez. Mais que m'importe l'épithete de déclamateur, ſi je ſuis vrai, ſi je fais impreſſion ſur
mes Lecteurs, ſi je fais naître des remords dans
l'ame de tel Colon qui a des eſclaves ; enfin ſi je
contribue pour ma part à accélérer l'impulſion
univerſelle vers la liberté.

Vous blâmez l'éloquence de s'exercer ſur ce
ſujet, vous n'y voyez de bien que par la froide
raiſon. Mais qu'eſt-ce que l'éloquence, ſinon le
langage de la raiſon & de la ſenſibilité? Quand
l'homme ſouffre, il s'agite, il crie, il émeut, il
entraîne; & voilà l'éloquence qui fait des mira-
cles; & c'eſt l'éloquence qu'on doit avoir, quand
on plaide la cauſe des malheureux, dont la vie
n'eſt qu'une agonie perpétuelle, où l'on ne ſent
rien. Non, je ne conçois pas les hommes, qui dans
ces cauſes déchirantes, ſubſtituent l'eſprit glacial
à l'ame, s'amuſent à faire des antitheſes au lieu
de raiſonnemens vigoureux, ont des bluettes au
lieu de chaleur. --- Je ne conçois pas comment un
être ſenſible & penſant qui voit ſon ſemblable
lacéré, mis en pieces, ſa pauvre femme à ſes
côtés, baignée dans ſes larmes, un pauvre enfant

fuçant un fein defféché ; je ne conçois pas, dis-je ;
comment il peut foutenir ce fpectacle de fang-
froid ; comment il n'eft pas déchiré, convulfé
dans tout fon être, comment, au lieu d'indignation & de colere, il a la barbarie de defcendre
à des plaifanteries ; & c'eft pourtant par une
plaifanterie que vous terminez votre article fur
les Negres

« Il eft aifé, dites-vous, d'ajouter dix ou douze
» pages à ce petit nombre de réflexions qu'on peut
» confidérer comme une fimphonie compofée feu-
» lement des parties principales, *con corni ad*
» *libitum* ».

Je veux qu'il n'y ait rien de cruel, parce qu'il
n'y a rien de réfléchi dans ce rapprochement,
dans ce ton de légéreté. Mais comment une
pareille comparaifon peut-elle tomber dans la
tête d'un homme fenfible ? Voilà le trifte effet
de l'efprit ; je l'ai déjà dit, il deffeche l'ame.
Effleurant fans ceffe des objets agréables, il
eft de glace, quand il eft forcé d'envifager le
malheur, il cherche à fe diftraire de ce fpectacle
douloureux, à éluder les cris de la nature ; il s'en
fauve par une plaifanterie. Non, jamais Bénézet
n'eût imaginé ce rapprochement de fimphonie
avec les coups de fouet qui déchirent les
Negres.

Après vous avoir prouvé que vous avez outra-
gé les Quakers & les Negres, il me refte à vous

faire voir que n'avez pas mieux traité l'homme
& le peuple.

Juſtification de l'Homme & du Peuple.

JE pourrois vous citer différens paſſages de vos
Ouvrages ; je me borne au ſuivant, qui m'a paru
le plus frappant. Vous y peignez un Irlandois qui
vous avoit donné *un bon dîner*, & vous ajoutez :
« Cet Irlandois étoit honnête & ſerviable, &
» ſa femme, qui eſt d'une figure douce & très-
» agréable, n'avoit rien d'agreſte dans ſon main-
» tien & dans ſes manieres ; c'eſt qu'au milieu
» des bois & des ſoins ruſtiques, un Virginien
» ne reſſemble jamais à un Payſan d'Europe. C'eſt
» toujours un homme libre qui a part au Gou-
» vernement, & qui *commande à quelques Negres*,
» de façon qu'il réunit ces deux qualités diſtinc-
» tives de Citoyen & de Maître, en quoi il reſ-
» ſemble parfaitement à la plus grande partie des
» individus qui formoient dans les Républiques
» anciennes ce qu'on appelloit le peuple, *peuple*
» *très-différent du peuple actuel*, & qu'on a mal-
» à-propos confondu avec celui-ci dans toutes
» ces *déclamations frivoles*, dont les Auteurs *demi-*
» *Philoſophes*, comparant toujours les temps an-
» ciens avec les temps modernes, ont pris les
» peuples pour les hommes en général, & pré-
» coniſé les oppreſſeurs de l'humanité, en croyant

» défendre la caufe de l'humanité. Que d'idées
» auroient befoin d'être rectifiées l Que de mots
» dont le fens eft encore vague & indéterminé !
» La dignité de l'homme a été cent fois alléguée,
» & cette maniere de s'exprimer a toujours eu
» beaucoup de faveur. Cependant *la dignité de*
» *l'homme eft une chofe comparative;* fi elle eft prife
» dans un fens individuel, elle eft d'autant plus
» grande qu'un homme confidere des claffes au-
» deffous de lui; c'eft *le Plébéien qui fait celle*
» *du noble, l'Efclave qui fait celle de l'homme li-*
» *bre, le Noir celle du Blanc;* fi elle eft prife dans
» un fens général, elle peut encore infpirer aux
» hommes des fentimens de tyrannie & de
» cruauté, dans leur rapport avec les animaux,
» & détruifant ainfi la bienfaifance générale,
» aller contre l'ordre & le vœu de la nature.
» Quel eft le principe fur lequel la raifon échap-
» pée aux Sophiftes & aux Rhéteurs, pourra
» enfin fe repofer ! L'égalité de droits, l'intérêt
» général qui commande à tous, l'intérêt parti-
» culier lié à l'intérêt commun, l'ordre de la
» Société auffi néceffaire que la fymétrie des ru-
» ches à miel, &c. Si tout cela ne prête pas
» beaucoup à l'éloquence, il faudra s'en con-
» foler & préférer la bonne morale à la belle
» morale (33) ».

(33) Voyage en Amériq. T. 2. pag. 46.

Ainſi , Monſieur , vous croyez le peuple actuel très-différent du peuple ancien, & par conſéquent plus diſpoſé, plus propre pour la ſervitude que ce dernier. Ainſi, vous blâmez les Philoſophes qui , en rapprochant le peuple d'aujourd'hui du peuple d'autrefois , ont ſoutenu qu'il ſeroit le même, s'il avoit un même gouvernement. Et quelle eſt la conſéquence ſecrete de ce ſyſtême, ſinon qu'il faut conſerver & même ſerrer les liens du peuple d'aujourd'hui, puiſque vous lui prêtez plus de vices, plus de foibleſſes, & une dégénération incurable ?

Or je ſoutiens que toutes ces idées ſont fauſſes & pernicieuſes pour le peuple, & que vous l'avez calomnié. Je vous ai déjà donné ma profeſſion de foi ſur ce point. Je crois que la nature du Gouvernement modifie aux trois quarts l'homme. Je crois qu'il s'éleve en raiſon de ce qu'il a plus de liberté , qu'il dégénere en raiſon de ce qu'il en a moins. Je crois que l'eſclave ignorant & barbare, né ſur les bords du Boſphore, ſeroit un Répu blicain éclairé, s'il étoit né à Philadelphie. Ce ſeroit vous inſulter que de chercher à prouver ces propoſitions. L'hiſtoire de toutes les Nations les démontre à chaque page , & qui doit mieux connoître l'hiſtoire que l'Auteur de la *Félicité publique ?*

Il n'y a donc pas plus de différence entre la nature des modernes & celle des anciens, qu'il n'y en a dans celle des Blancs & des Noirs. Les différences qui exiſtent ne ſont que des accidens. Tranſportez le Gouvernement d'Athenes à Conſtantinople, & ces Turcs qui nous paroiſſent ſi brutes, acquerroient le même degré de courage, de patriotiſme, de lumieres. La liberté animeroit ces machines. Le foyer, les matieres exiſtent; il ne manque que l'étincelle. N'injuriez donc point le peuple d'aujourd'hui, ne le déſeſpérez donc point. Il vaut bien mieux l'encourager, en lui faiſant voir que ſa dégradation n'a pas une cauſe indeſtruĉtible, qu'elle ceſſant, il peut devenir homme.

Je vous avoue que je n'ai pas trop bien entendu cette phraſe, où vous avancez que les défenſeurs du peuple aĉtuel, en le comparant aux anciens, ont préconiſé les oppreſſeurs de l'humanité. Déſignez - vous par ce mot, le peuple, comme quelques Auteurs décriés? c'eſt une idée affreuſe. Déſignez-vous les vrais tyrans? c'eſt avancer que Locke, Sidney, Price, Rouſſeau, Helvétius, Raynal les ont préconiſés; car ils ont eu auſſi le malheur de croire que le peuple aĉtuel ſera parfaitement ſemblable aux anciens, quand il jouira de leur ſort.

Ce que je vois de plus clair, c'eſt que votre ſyſtême favoriſe bien plus la cauſe des vrais oppreſſeurs de l'humanité; car en leur apprenant que le peuple aĉtuel n'eſt ni digne, ni ſuſceptible de liberté, que la dégénération de l'homme & des peuples ne va qu'en s'accroiffant, qu'elle ne ceffe-roit pas, quand bien même les circonftances qui l'occafionnent cefferoient d'exifter, en leur apprenant, dis-je, ces prétendues vérités, vous les encouragez à tenir leurs efclaves dans les fers.

Mais rien n'eft plus contraire à la vérité. La révolution d'Amérique le démontre. Ceux qui l'ont opérée, font les defcendans ou d'Anglois tyrannifés par les Stuards, ou d'Allemands efclaves.

Vous croyez faire beaucoup d'honneur aux Américains en les faifant reffembler aux Romains & aux Grecs; & moi, je les crois bien fupé-rieurs à ces anciens. Mais ce n'eft pas ici le lieu de le prouver. Je me borne à avancer cette pro-pofition, dont la démonftration trouvera fa place ailleurs, pour vous faire voir que les hommes d'aujourd'hui, loin d'être dégénérés, pourront furpaffer leurs ancêtres, quand ils feront favorifés par les circonftances.

Après avoir décrié le peuple d'aujourd'hui, vous décriez l'homme & la dignité de l'homme. Vous ne la croyez qu'une idée comparative, & en conféquence vous faites l'énumération des diverfes dignités de l'homme. D'après votre idée, nous avons en Europe cent ou deux cens digni-tés, la dignité d'un Duc, d'un Baron, d'un Mar-quis, d'un Bailli, &c. &c. Quel abus de mots !

& quel fyftême affreux il cache l Comment, vous Philofophe, pouvez-vous croire à la *dignité naturelle* d'un noble à l'égard d'un roturier, d'un homme libre à l'égard d'un efclave, d'un Blanc à l'égard d'un Noir ? Comment n'avez-vous pas vu que cette triple dignité étoit une triple injuftice, une triple ufurpation ? Comment n'avez-vous pas abjuré la premiere, après avoir lu dans les différèns Codes d'Amérique, *que tous les hommes font nés libres, égaux, indépendans* (34), après avoir voulu verfer votre fang pour la défenfe de cette maxime ? Direz-vous que cet axiome n'eft pas vrai par-tout ? Mais par quelle magie une vérité prouvée fur les bords de la Delaware, feroit-elle une erreur fur les bords du Mançanarés ? Le préjugé de diftinction fubfifte toujours en Europe, j'en conviens ; mais ce préjugé doit-il égarer un Philofophe ? doit-il le fortifier lui-même par fes écrits ?

Comment avez-vous cité ces noms de Plébéien & de Patricien, diftinctions fatales qui ont caufé

---

(34) Rumbold, avant les Légiflateurs Américains, difoit fur l'echafaud en 1684, qu'à moins que le ciel ne fît naître les hommes, les uns avec une felle fur le dos, & d'autres avec dés éperons & des bottes pour monter les premiers, il ne croiroit pas à l'inégalité. Voyez l'Hiftoire de Madame Macaulay, tom. 7.

tous les malheurs, toutes les convulfions de la
République Romaine, diftinctions qui ont entraîné
Rome dans des guerres perpétuelles & favorables
à l'empire de l'Ariftocratie, qui l'ont entraînée
à la manie des conquêtes, & au defpotifme.
Si Rome eût connu, eût adopté l'égalité naturelle & facrée dont les Américains ont fait
une des bafes de leurs conftitutions, fans doute
fon exiftence auroit eu une plus longue durée;
& c'eft fous ce point de vue que je vous difois
tout-à-l'heure que les Américains étoient bien fupérieurs aux Romains.

La dignité de l'homme libre, comparé à l'efclave, paroît plus plaufible; cependant c'eft encore une chimere. L'un & l'autre en effet tiennent
une égale dignité de la nature; l'un & l'autre
ont les mêmes droits. La fervitude peut en ôter
l'exercice, mais elle n'en ôte point la propriété.
L'homme libre doit fe féliciter de l'être, mais il
doit plaindre fon femblable dans les fers, fans
fe croire d'une race fupérieure à lui. Il ne doit
méprifer que le vil efclave qui vante fes fers.

Eh 1 que dirai-je de cette étrange dignité que
vous créez en faveur du Blanc fur le Noir ? Où
eft le titre de cette dignité, de cette fupériorité ?
Où l'avez-vous lu ? Le Noir fur la côte de Gui
née, à qui des fripons d'Européens efcroquent de
la poudre d'or, de la gomme, ou fes enfans,

ne feroit-il pas auffi fondé à s'arroger une dignité, une fupériorité fur les Blancs ?

Abjurons, Monfieur, ces petites idées de dignités & d'inégalités ; elles peuvent, bien plus que l'autre dignité générale ou d'efpece dont vous parlez, infpirer aux hommes des fentimens de tyrannie & de cruauté dans leur rapport avec leurs femblables. Elles ne font propres qu'à perpétuer les haines continentales, nationales, civiles, individuelles, qu'à faire de la terre un théâtre éternel de difcórdes & de combats. Car quelqu'ancienne que foit la durée de cette inégalité, elle ne preferit ni contre nos droits, ni contre nos fentimens. Chacun n'en fent pas moins dans fon cœur, qu'il eft né l'égal des hommes les plus élévés ; chacun en détefte donc plus ou moins, fuivant qu'il a l'ame plus ou moins exaltée, celui qui, violant cette égalité, écrafe ou humilie fon femblable.

Je ne vous apprends rien de neuf ici ; Rouffeau & avant Rouffeau, Locke & Sidney l'avoient dit. Ils avoient encore dit que la caufe des guerres & des crimes étoit cette inégalité, cette dignité comparative, que vous préconifez, que vous careffez, que vous divinifez fous les noms d'ordre & de fymétrie, vous vengeur de l'égalité chez les Américains ! Vous qui avez été vous battre pour la dignité de l'homme, vous ignorez ce qui la conftitue 1 Relifez donc encore une fois le premier

chapitre du code de la Penſilvanie, vous y trouverez une définition claire & ſublime de ce mot
que vous trouvez ſi obſcur & ſi vague, & dont
vous reprochez l'abus aux Philoſophes.

La dignité de l'homme conſiſte dans ſa liberté,
dans ſon égalité de droit, dans ſon indépendance, dans ſa faculté de n'être aſſujetti qu'aux
Loix qu'il a conſenties, dans le *contrôle* qu'il
exerce ſur ceux auxquels il confie ſon autorité.
La dignité de l'homme conſiſte encore dans le
parfait développement de ſes facultés morales &
intellectuelles, dans les efforts qu'il fait pour découvrir la vérité, pour la faire régner. Elle conſiſte
en un mot dans de *grandes idées*, dans une *volonté forte & conſtante*. L'homme de nos ſociétés
inveſti dès ſon berceau de petits préjugés & de
convenances auxquelles il eſt ſans ceſſe forcé de
ſacrifier, ſans ceſſe en rapport avec des individus
dont les idées ſont retrécies, dont la volonté eſt
nulle ; l'homme, dis-je, de nos ſociétés, n'a
point cette dignité ; non, qu'il n'en ait pas reçu
le germe ; non, que ce germe ne puiſſe ſe développer encore dans des circonſtances favorables,
mais ce germe étouffé, languit & ſe deſſeche. Il
ſe reſſuſcite à l'aide de la méditation, de l'élec-
triſation des ames fortes, de la converſation avec
les grands hommes de l'antiquité, de l'étude
perpétuelle de ces Hiſtoires, où l'on voit ſouvent
l'homme ſeul eſſayer ſes forces contre la tyrannie.

Toutes ces circonſtances appuyant l'homme ſur une maſſe de grandes idées, lui donnent une impulſion vers de grands objets, l'entraînent à vouloir avec énergïe tout ce qui eſt bon, tout ce qui eſt ſublime. Voilà la dignité de l'homme en théorie, la voulez - vous voir dans des faits ? Hampden ſe laiſſant empriſonner plutôt que de payer un impôt illégal ; Sidney de ſang-froid ſur l'échafaud (35), Locke écrivant ſon Traité du Gouvernement Civil, Rouſſeau ſon contrat ſocial, Francklin répondant avec une ſage énèrgie à la barre des Communes, Warren mourant pour la liberté à Bunkers Hill, Burke plaidant contre l'oppreſſeur de l'Inde & l'exterminateur de Rohillas ; voilà de grands exemples, de grands monumens de la dignité de l'homme. Si vous ne l'y reconnoiſſez pas, je vous plains ; d'autres l'y reconnoîtront. Ce ſont ceux qui n'ont pas laiſſé éteindre en eux le ſentiment de leur grandeur primitive, & de leurs droits. Les Anglois, les Américains ſur-tout, y reconnoîtront. Plus d'un ſans doute gémira en liſant cet article contre la dignité de l'homme échappé à votre plume. Il ſe demandera ce que vous alliez faire en Amé-

---

(35) Je cite ſouvent cet Écrivain célebre. Pour bien connoître ſon mérite, il faut avoir étudié à fonds ſes Ouvrages, avoir lu l'Hiſtoire de ſa mort, par Madame Macaulay. --

rique , puifque vous ne croyez point à la dignité de l'homme , puifque vous ne croyez qu'à des dignités comparatives . qu'ils ignorent ou qu'ils méprifent , qu'à une inégalité de conditions qu'ils ont bannie comme la fource de tous les maux politiques.

Votre mépris pour le Peuple ne s'eft pas manifefté dans ce feul paffage. Je le vois percer encore ailleurs ; par exemple , en parlant du Peuple de la Penfilvanie , vous le croyez plus enclin à l'Anarchie qu'à la Démocratie. Je ne puis pas difcuter ici les motifs qui vous ont dicté cet outrage contre les habitans de la Penfilvanie , lefquels ont réalifé , fuivant moi , le plan d'une Démocratie auffi parfaite que l'homme peut l'imaginer. Ce que je fais , c'eft qu'on a beaucoup abufé jufqu'à préfent de ce mot *Anarchie*. Je me réferve de vous expofer mes idées fur cet abus de mots dans un autre Ouvrage.

J'ai fini la tâche pénible que je m'étois impofée au commencement de cette Lettre. Je vous ai prouvé , ce me femble , que vous aviez calomnié les Quakers , les Negres , le Peuple & l'Homme.

Je devrois peut - être m'étendre fur d'autres erreurs répandues en grand nombre dans vos Voyages , & qui ne peuvent-être que très-dangereufes , foûtenues de votre nom. Il n'en eft aucune qui foit indifférente , mais le métier de

Cenfeur

Censeur est trop douloureux, trop peu fait pour moi. Je me bornerai donc à quelques remarques sur plusieurs de vos opinions & sur les anecdotes qui m'ont le plus frappé.

Et d'abord je viens à votre opinion sur l'art de la guerre. Vous vous êtes principalement attaché à la description des différens combats qui ont opéré la révolution d'Amérique. Vous croyez ces descriptions utiles pour les Militaires; vous croyez sur-tout qu'elles le seront pour les Américains, & à l'air de complaisance avec lequel vous caressez ce sujet, on voit que c'est votre art favori, que vous le croyez bien nécessaire à l'humanité, bien nécessaire aux Républiques.

Je suis d'un avis entièrement opposé au vôtre, & indépendamment de l'inexactitude & de l'inutilité (36) de ces descriptions de combats, je crois fermement que l'art Militaire n'est qu'un art propre à favoriser l'aristocratie, & que par conséquent, on doit le proscrire des Républiques. Je

---

(36) Le Maréchal de Villars ne faisoit pas grand cas de toutes ces descriptions & plans de Batailles. Pour s'instruire, il faut voir par soi-même, disoit-il : & à propos d'une inondation qu'on lui conseilloit à la Cour pour garantir le Fort de Kell, il écrivoit : *Il n'y a rien de si joli sur une Carte où avec un peu de verd & de bleu, on met en eau tout ce qu'on veut.* Vie du Maréchal de Villars, tom. 1.

H

ne me jetterai point ici dans ces déclamations qu'on reproche aux Philofophes quand ils traitent de l'art Militaire, ce font des faits bien prouvés que je vous oppofe.

Du moment où vous érigez la guerre en art, vous créez un corps d'hommes qui s'en occupent conftamment, qui l'apprennent, qui l'enfeignent, & qui conféquemment ne labourent plus, ne commercent plus ; ils faut donc que d'autres les nourriffent. Premier mal.

Quand on poffède cet art, on en veut faire ufage pour acquérir de la réputation ou des richeffes ; en conféquence on defire la guerre, on provoque la guerre, & les Républiques doivent éviter les guerres & fur-tout l'efprit de la guerre. Deuxieme mal

Quand on ne fait pas ufage de cet art au-dehors, c'eft au-dedans. Troifieme mal.

Comme les Militaires font un corps à part, ils fe croyent plus élevés que les autres. Ils méprifent les autres Citoyens, & fur-tout les Citoyens paifibles. Le préjugé s'établit ; il rend les uns infolens, il avilit les autres. Quatrieme mal

L'art Militaire diminue le vrai courage. Il eft aux Nations, ce qu'eft l'efcrime pour les individus. Il fupplée le courage, & ne le donne point. Or c'eft avec le courage que les Républiques doivent repouffer les attaques extérieures.

Quand les hommes feront bien pénétrés de

l'amour de la liberté & habitués à l'exercer dans toute son étendue, ils auront du courage, & il n'y a point d'art Militaire qui puiſſe dompter ce courage. L'homme qui dit : *mourir ou être libre*, n'a point de maître ; le Peuple qui le dit, n'en connoît pas davantage. Il faut que le Conquérant les maſſacre tous, avant de ſe rendre maître d'un ſeul. Ce courage n'a beſoin ni d'art, ni de Villes fortifiées (37). Il n'a beſoin que de lui.

La vraie force des Républiques eſt donc dans l'attachement inébranlable de leurs membres à la liberté & à leurs droits. Avec lui, le Républicain eſt ſupérieur à tous ; avec lui, il fatigue, il dompte ſes adverſaires ; avec lui, il apprend bien vîte cet art Militaire. Je vous cite en preuves, tant d'Américains devenus bons Généraux, aux talens & aux vertus deſquels vous avez vous-même rendu un juſte hommage, la plupart n'avoient jamais manié un fuſil ; c'étoient des Commérçans, des-Cultivateurs, des Libraires, des Médecins, je vous cite Warren, Knox, Morgan, Green, & cet infâme Arnold dont les talens n'auroient dû orner qu'une ame Patriotique. Et l'on ne doit point s'étonner de cette célérité avec laquelle des Républicains acquiérent ſi promp-

_____

(37) Voyez ſur l'utilité trop exaltée des fortifications, une fort bonne Lettre de M. de la Clos, adreſſée à l'Académie, ſur l'Éloge de Vauban.

tement la science des combats. Le desir de conserver leur liberté, porte tous leurs esprits de ce côté ; c'est un éguillon bien plus fort que la paie des mercénaires, ou même les distinctions des Officiers Européens ; & voilà pourquoi un ou deux ans d'expérience, & deux ou trois défaites instruisent plus des Républicains, que vingt ou trente ans ne font pour les sujets des autres Gouvernemens (38).

Animez par cet esprit de liberté, les soldats Républicains sont eux-mêmes plus patiens, plus endurcis à la fatigue que les soldats mercénaires. Je vous cite en leur faveur tous les éloges que vous faites des soldats Américains qui se battoient toujours bravement, quoique sans paye, sans provisions, sans vêtemens, sans habitude du métier. Vous convenez vous-même qu'en peu de tems ils surent bien servir l'artillerie, que leurs baraques étoient mieux construites, qu'il régnoit parmi eux une grande ardeur, &c. &c. &c. Qui faisoit tous ces prodiges ? L'amour de la liberté. Tant que les Américains le conserveront, ils n'auront donc rien à craindre, & ils n'auront pas besoin d'art militaire.

-(38) En-faisant l'éloge des Américains, braves, par amour pour la *liberté*, je paie avec plaisir un semblable tribut aux François courageux que le patriotisme a produits.

`Ils doivent fe fouvenir de ces combats que vous citez, non pour étudier les plans, les cir-conftances, mais comme des monumens glorieux élevés à la liberté. S'ils font forcés de reprendre les armes, le même génie les infpirera fans cette étude.

En un mot il faut dans les. Républiques que tout individu foit brave, foit le défenfeur né de fon pays, foit milicien, & qu'aucun ne foit mi-litaire par état.

Les Républiques ne doivent pas plus avoir de Militaires perpétuels que des Magiftrats & des Repréfentans perpétuels. La perpétuité eft la fource de la guerre, & de la corruption, & par confé-quent, du defpotifme.

Vous ferez fans doute d'un autre avis, Monfieur, vous qui aimez tant la guerre, qui vantez dans les François un grand amour de la guerre. *Nous aimons bien la guerre*, dites-vous, avec un air de triomphe. Eh ! tant pis ; je ne vois pas qu'il y ait tant à fe louer d'avoir un ulcere. La France n'aura de profpérité réelle qu'en raifon de la diminution de cette fievre guerriere.

Vous nous félicitez d'un autre goût, qui n'eft peut-être pas fi funefte, mais cependant dont l'influence fur nos mœurs & fur notre conftitution eft dangereufe. Je parle du goût pour le ridicule, dont vous êtes vous-même un fervent Apôtre, & que vous prodiguez par-tout. Il n'y a qu'en France

qu'on fait de bonnes Épigrammes , fuivant vous ;
& le François ne fe laiffe jamais prévenir fur ce
chapitre ; je le crois , & tant pis ; c'eft en Afie
qu'on a fait les meilleures Fables.

Tous nos beaux efprits ont répété d'après
Horace , que le ridicule eft une arme excellente.
Ridiculum acre magnas plerumque fecat res. Mais
Horace écrivoit fous Augufte. Quant à moi :
voici mes raifons pour haïr & profcrire le ri-
dicule

Le ridicule accoutume à rire d'abus qui devroient
faire gémir. Le ridicule n'excite qu'un fentiment
léger , éphémere, qui , par conféquent ne produit
aucuns efforts durables pour détruire les abus.
L'Épigramme eft bientôt oubliée , & le mal refte.

Il n'en eft pas de même chez un Peuple grave
accoutumé à raifonner , & ne jugeant des chofes
que par la raifon. Quand un Écrivain lui a bien
démontré l'exiftence , les effets d'un abus , le
Public convaincu , pénétré , s'émeut , s'enflamme ,
& le Gouvernement éclairé réforme l'abus (39).

---

(39) Pour juger de la différence des effets du ridicule & de l'enthoufiafme raifonné , il fuffit de comparer les tems de la Ligue & de la Fronde, avec les
deux révolutions de l'Angleterre de 1650 & 1688.
Nous avions alors de bons plaifans. On fit la Satyre
Menippée ; les Blots & les Marigny égayoient la
France aux dépens du Mazarin, & le Mazarin refta.

. Il faut donc pour régénérer un Peuple le dés-
habituer de la manie du ridicule , & le ramener
au raisonnement.

Le ridicule est un hochet avec lequel on amuse
les enfans ; & qu'est un Peuple enfant ? Rien.
Félicitons-nous donc à présent de nos chansons,
de nos vaudevilles.

Vous semblez regretter , Monsieur , que leur
regne se passe , que nous ne soyons plus si plaisans , si épigrammatiques. C'est nous plaindre de
ce que le regne de la raison commence.

Vous regrettez encore que notre conversation
commence à s'appésantir par la raison , car vous
croyez que nous sommes le seul Peuple qui sache
converser. Comment insulter ainsi à toutes les
Nations & à la vérité (40) ? Et puis qu'est - ce
qu'une conversation ? Ne doit - ce pas être un
moyen de rapprocher les hommes , d'éclairer
les opinions, d'humaniser les cœurs ? Or est - ce

Les Anglois n'étoient pas plaisans comme nous; mais
ils obtinrent le fameux *Bill des Droits*, qui assuroit
la liberté individuelle, celle de la presse, le droit de
représentation, &c.

(40) Peut-on dire qu'en France on fait converser,
lorsque le ton général est de n'écouter jamais ,
lorsque les hommes avantageux sur-tour, se croyant
au-dessus de l'instruction, se livrent à leurs idées,
& ne répondent point aux vôtres?

H iv

là l'objet d'une conversation Françoise ? S'y instruit-on, je dirai même, s'y amuse-t-on ? Tout y est effleuré. On passe du beau tems à la critique d'un Opéra, de l'Opéra à une bataille, d'une bataille à un bonnet, &c. Si vous regrettez que ce goût sublime de conversation amusante & instructive disparoisse, vous me pardonnerez de ne pas vous suivre dans vos complaintes. Et ne croyez pas que je sois en cela, moins l'ami de mes Compatriotes, que vous qui avez l'air de les flatter. Je dis & je dirai toujours, qu'ils ont le germe de toutes les qualités & de toutes les vertus, que leur développement dépend d'eux, & vous ne leur prêtez que l'art du calembour (41). Qui de nous deux les honore le plus ?

En voulant de même complimenter nos Françoises, vous les déshonorez. Voici le portrait que vous en faites (42). « Nul mouvement sans grace,

─────────────────────

(41) C'est apparemment pour prouver que vous êtes bon François, que vous avez parsemé votre Ouvrage de calembours & de pointes, que vous nous apprenez, par exemple, que nos Médecins ne font pas *des Grecs*, que le nom de *Cimetiere* est plutôt un nom de Médecin que de Peintre, que vous dégradez une conversation avec le Démocrate Adams, sous le titre d'un *petit rendez-vous en bonne fortune*, &c.

(42) Tom. 2. pag. 97.

» nulle grace fans expreſſion. L'envie de plaire
» perfectionne & perpétue les moyens de plaire,
» & la nature plutôt aidée que contrariée par
» l'art, *n'eſt pas livrée à l'abandon de la vie do-*
» *meſtique , ni prodiguée à une fécondité fans*
» *bornes* ». C'eſt-à-dire, en François moins fleuri,
mais plus clair, que vous félicitez nos Françoiſes
de n'être plus ni bonnes ménageres, ni meres, &
de tuer leur poſtérité pour avoir une taille élé-
gante & plaire aux galans célibataires. Quelle
morale ! Grand Dieu ! Et votre Livre doit tomber entre les mains des Américaines ! Quelle idée
il leur donnera de notre morale & de nos femmes,
au moins de nos Pariſiennes , car vous n'avez peint
ici qu'un vice de la Capitale ! Et s'il en étoit parmi
elles quelques-unes que ce ton léger pût féduire, qui
fuſſent tentées de ſacrifier aux mêmes goûts ! Le Ciel
préſerve ces Républiques d'une pareille dépravation !

Peut-être, & il faut le ſouhaiter , que les ſatyres répandues dans votre Livre contre les Américains & leurs chaſtes moitiés , les préſerveront
du venin agréable qu'il renferme. Des ſatyres ,
direz-vous. Eh ! oui ; ſuivez-moi dans la liſte que
je vais vous en donner. Elle n'en comprend qu'une
très-petite partie.

Vous nous peignez les Américaines comme peu
accoutumées à ſe donner de la peine, indifférentes
à tout , excepté au thé & à la propreté de la
maiſon ; que le Lecteur compare ce tableau avec

celui de leurs vertus , tel que l'a peint.M. de Crevecœur, qui a paſſé preſque toute ſa vie au milieu d'elles , & il jugera quel outrage vous leur faites.

· En leur diſant ailleurs que vous n'en trouvâtes aucune jolie, ou qu'elles danſoient gauchement , vous leur dites une choſe déſobligeante ; que l'urbanité Françoiſe devoit vous interdire.

Votre veine ſatyrique s'épanche , ſur-touṭ quand vous amenez ſur la ſcene des femmes vieilles ou laides. Avec quelles couleurs vous peignez Madame ... & cette Américaine que vous déshonorez publiquement par un ſarcaſme ſur ſon goût pour la liberté ; & afin que le coup porte mieux , vous ne ſupprimez pas même la lettre initiale de ſon nom. Avez-vous cru que vos points fauſſement myſtérieux , la déroberoient à la connoiſſance du Public, dans une ville compoſée de vingt mille perſonnes, où d'ailleurs le cercle des coquettes qui mettent du blanc & du rouge, doit être très-reſſerré ?

Si vous en louez une, ce n'eſt que par ſa reſſemblance de légéreté & de frivolité avec nos Françoiſes ; c'eſt parce qu'elle médite d'introduire les modes à Philadelphie, de faire dans le goût de la toilette une révolution plus importante , dites-vous, que dans celles de la politique.

Vous n'épargnez pas davantage les Américains.

Roideur, pédanterie, défaut de reconnoiſſance ; hypocriſie, friponnerie même ; vous leur reprochez tout ſans ménagement. Votre œil obſervateur ſaiſit leurs plus légers défauts. Ici c'eſt un Savant qui vous parle en François, & à qui vous ne répondez pas en Anglois, pour lui laiſſer, dites-vous, *le plaiſir d'étaler ce qu'il ſait.* Là, c'eſt un Directeur de Bal que vous plaiſantez ſur le ſérieux avec lequel il exerce ſon Miniſtere. Ailleurs, c'eſt un reſpectable Gouverneur auquel vous prêtez la pé-danterie des Républicains, des Barnevelt & des Heinſius. Dieu donne aux Petits-Maîtres cette pédanterie avec ſes vertus, & ils reſſembleront au moins à des hommes. Dans un autre endroit, vous apprenez aux Hollandois l'idée qu'ont d'eux certains Américains qui les appellent des *patauds*, & les regardent comme de bonnes dupes. Ainſi vous allez peut-être ſemer la zizanie entre ces deux races de Citoyens, & peut-être votre Livre va-t-il faire naître des haines.

Citerai-je encore le ridicule jetté ſur le *benedi-cite* de ces Républicains religieux auquel vous aſſiſtâtes ? Eh ! pourquoi rire de la Religion devant un peuple qui en a ? Souvenez-vous donc que l'en-thouſiaſme religieux a peuplé l'Amérique, & que ſi elle eſt libre aujourd'hui, elle ne doit cette li-berté qu'au caractere de fermeté imprimé par cet enthouſiaſme qui exiſte encore en grande partie. Souvenez-vous que les Athées étoient du parti de

Charles II (43), & le prônoient, tandis que les Puritains honoroient l'humanité en s'expatriant.

Citerai-je encore cette Philadelphie que vous appellez un cloaque, cette diffolution dans les principes que vous cherchez à excufer en vous juftifiant fur l'anecdote de cette Américaine enceinte, Anecdote qu'il falloit taire, & pour les bonnes mœurs, & pour le repos de cette infortunée

La plume me tombe des mains, & je n'ai pas le courage de pourfuivre. Mais il me femble que vous avez manqué par toutes ces Épigrammes aux égards que vous deviez à des étrangers, à des alliés, à des amis, à de bonnes gens qui vous recevoient cordialement, qui prefque tous cherchoient à vous fêter.

« Que vous publiiez vos Voyages, rien de mieux, s'ils pouvoient inftruire. Mais parce que vous avez rencontré des Aubergiftes borgnes ou boffus, deviez-vous l'apprendre à tout l'Univers ? Ne deviez-vous pas réfléchir que tout ce qui peut humilier un individu fans fruit & fans qu'il ait mérité l'humiliation, doit être tu, & c'eft le cas des défauts phyfiques ? que le filence eft un devoir dans les étrangers, dont les plaifanteries peuvent faire une plaie plus profonde, dont les ridicules reftent ? Ne deviez-vous

_____

(43) Ce n'eft pas à dire pourtant que tous les Athées foient des Partifans du Defpotifme.

pas réfléchir au respect que tout Écrivain doit au Public ? Et que lui importe de savoir les défauts ou les vices d'individus qui ne jouent aucun rôle sur la scene publique ? Que lui importe de savoir qu'un tel Américain s'enivre de grogg, que tel autre est un vrai Capitan, tel encore très-ennuyeux, telle femme laide ou vieille, &c. ? Que peut-il conclure de ces misérables détails ? Concluera-t-il à la maniere de cet Allemand qui, parce que son Hôtesse à Blois étoit rousse & acariâtre, écrivoit que toutes les femmes de Blois étoient rousses & acariâtres ? S'il ne peut généraliser sur ces faits, autant valoit ne pas les lire. Car tous les faits particuliers dont on ne peut tirer d'inductions générales pour le tableau de l'Histoire, des Mœurs, des Coutumes, sont inutiles & doivent être rejettés. Un Voyageur, avant de publier ses observations, devoit bien se pénétrer de cette idée, que Phedre a renfermée dans cet axiome, *nisi utile est quod facimus, stulta est gloria.* Ainsi, il ne suffit pas de parcourir une vaste étendue de pays (44), de voir beau-

---

(44) Il paroît que c'est-là l'unique objet de vos Voyages. Vous le dites vous-même, p. 1. du tom. 2. *Fidele au principe que je me suis fait dès ma jeunesse, de ne négliger aucune occasion, de voir le plus de pays qu'il me seroit possible, &c.*

coup d'hommes , beaucoup d'objets ; si l'on veut reproduire ces hommes & ces objets dans des tableaux , il faut que les uns & les autres puiſſent être utiles au Public (45). En ſuivant ces principes , on pourra retrancher deux tiers de vos Voyages , & ils ſeront moins imparfaits.

Je dois à cet égard , à mes Compatriotes qui vous ont lu , une juſtice ; qui fera ſans doute plaiſir aux Américains ; c'eſt que tous ils ont partagé l'impreſſion que votre Livre m'a faite. Je proteſte donc en leurs noms contre les inductions que les Américains pourroient tirer de vos Voyages ſur nous , ſur notre caractere. Qu'ils croient que parmi les braves François qui les ont défendus , il en eſt beaucoup qui ſont remplis de reſpect pour leurs conſtitutions , pour leurs mœurs , pour leurs coutumes , que cette eſtime eſt généralement répandue en France , que la différence des mœurs n'a pas empêché d'y ſentir tout le prix de leur ſimplicité & de leur innocence. Qu'ils croient que

_____

(45) Les Voyageurs devroient être plus circonſpects en publiant leurs obſervations. Pour une qui peut être juſte , il en eſt cent qui ſont fauſſes. Et dans la vérité , comment juger une Nation en un clin-d'œil ? Il faut vivre avec elle & vivre longtems , pour la peindre fidélement. Ne ſaiſir ſes traits qu'en courant la poſte , c'eſt s'expoſer à donner un portrait qui ne reſſemble en rien à l'original.

parmi nos Compatriotes qui auront le bonheur de
les vifiter, il en eft de bien capables d'étudier leurs
conftitutions, de s'édifier de leurs mœurs, & de
refpecter les fecrets de l'hofpitalité.

Vous vous plaindrez peut-être, Monfieur, de
la févérité de ma cenfure, de l'efpece de dureté
qui regne dans cet examen. Il y a de la févérité,
j'en conviens; mais tel eft mon caractere, je ne
fais ni déguifer (46) mes fentimens, ni en affoiblir l'expreffion.

---

(46) Je n'aime pas même les déguifemens dans les
matieres qu'on appelle delicates. Je connois des Écrivains qui fe font fait une grande réputation de har-
dieffe pour avoir gliffé avec adreffe dans leurs Ouvrages, quelques vérités politiques, échappées à la
cenfure, parce qu'elles étoient *inapperçues*. Je crois
que ces voies obliques décélent de la pufillanimité,
que la pufillanimité déshonore tout-à-la-fois l'Ecrivain qui facrifie la vérité à la crainte, le fiecle & le
pays qu'on ne croit pas affez mûrs pour l'entendre,
l'adminiftration qu'on ne croit pas affez vertueufe
pour la fouffrir; je crois qu'elle infpire de la timidité
aux autres Ecrivains; je crois enfin, que quand les
vérités feroient neuves & fortes, ces petits moyens
en détruiroient l'effet. Aujourd'hui que Rouffeau,
Price, Helvétius, font entre les mains de tout le
monde, on peut fe difpenfer d'envelopper des
vérités qui étincelent de toutes parts dans leurs
écrits.

La févérité, je le fais, eft une efpece de crime dans ce fiecle, & dans notre pays où l'on a fubftitué à la rude franchife une politeffe fauffe ; c'eft-à-dire, à une vertu fon mafque. Je fuis donc obligé de juftifier cette rudeffe. Cette juftification ne fera peut-être pas inutile ; elle renverfera peut-être un des préjugés qui nuifent en France à la recherche & à la propagation de la vé- rité.

Quand un Écrivain en attaque un autre avec quelque vigueur, on dit : mais pourquoi ne pas mettre plus de douceur, plus d'indulgence ? Pour- quoi ne pas envelopper fes traits ?

Cette pente générale vers la douceur, eft une marque de la prépondérance des vices & du *défaut de caractere* dans une Nation. Chacun fe fent plus ou moins coupable de foibleffe ; chacun capitule plus ou moins avec fes devoirs ; chacun échange avec plus ou moins de facilité fa mo- rale contre des titres & des penfions, & chacun reconnoiffant quelques-uns de fes traits dans le por- trait que l'on fait de l'homme foible ou vicieux, recommande l'indulgence, parce qu'il en a befoin, ameute contre l'Écrivain énergique, parce qu'il eft loin de fon ame, & que toute vertu eft crime pour celui qui ne l'a pas.

Je ne doute point que lorfque Cicéron pronon- çoit fes foudroyantes Catilinaires, il n'y eût des Sénateurs mous & foibles qui ne lui prêchaffent

la

là modération, qui ne lui répétaſſent cet adage de la puſillanimité : *il ne faut pas aigrir les eſprits.* Fauſſe maxime ! La molleſſe a toujours perdu les hommes & les États. Les méchans n'ont que trop abuſé de l'indulgence de la vertu.

Je tiens donc qu'en tout l'homme vertueux doit être ſévere, qu'il doit avoir un caractere, qu'il doit le décider, le prononcer fortement, que jamais il ne doit affoiblir ſes ſentimens, ni affecter une modération dangereuſe. La vérité le veut, le bien l'exige.

Les Écrivains ſont obligés, plus que les autres hommes, de s'aſſervir à cette loi, s'ils veulent mériter d'inſtruire les peuples. Car quelle foi ceux-ci leur doivent-ils, s'ils les voient mollir à l'occaſion, ployer leurs principes aux circonſtances, & compoſer avec les ennemis du bien public ? Que devient alors leur influence ſur les hommes ? On ſe dit : ils jouent leur rôle, & les méchans continuent le leur.

Cette énergie de caractere s'eſt perdue parmi nos Écrivains. Elle étoit dans toute ſa force dans les ſeizieme & dix-ſeptieme ſiecles. Les diſcuſſions civiles qui, attachant tous les Citoyens à un parti, leur imprimoient des caracteres particuliers, avoient eu la même influence ſur les Écrivains. Chacun avoit ſon parti, chacun traitoit rigoureuſement ſes ennemis, & c'étoit un bien ; la crainte d'une cenſure ſévere forçoit à être exact, profond & vrai. La molleſſe de la cénſure a, de nos jours, perdu la ſcience.

Sous ce point de vue, j'avoue que j'aime bien mieux la maniere dont Saumaiſe & Petau, dont Bayle & Jurieu ſe traitoient, que ces ſatyres mielleuſes, ces complimens hypocrites avec leſquels on ſe déchire dans nos Académies & dans nos Brochures.

Les injures ne prouvent rien, je le ſais; mais les injures décelent un caractere. Eh! que prouvent nos complimens perfides, nos ironies ſanglantes, & nos italiques ſur-tout? De la méchanceté ſourde, ſans le courage de la franchiſe qui pourroit lui ôter une partie de ſa noirceur?

On confond trop ſouvent d'ailleurs les injures avec ces traits vigoureux & néceſſaires, ſous leſquels l'Écrivain vertueux eſt entraîné à peindre le ſcélérat. Quoi! l'on exigeroit que Locke & Sidney, réfutant la doctrine de l'abominable Filmer, le traitaſſent doucereuſement, honnêtement? Non, non, vivant ou au tombeau, l'infâme doit être flétri.

A celui-qui poſſede un caractere comme ces deux Grands Hommes, il eſt impoſſible de le cacher. Il perce dans la phiſionomie, les regards, les diſcours, les écrits. Les gens froids cherchent à l'éteindre par les calculs; les amis par les conſidérations de fortune. Mais s'il eſt profondément enraciné, le caractere s'épand, ſe dilate avec plus d'énergie, malgré ces compreſfions, & c'eft un bonheur pour le Public, c'eft un bonheur pour l'individu auffi fortement organifé. Il poffede en lui des dédommagemens bien fupérieurs à ce qu'il perd au-dehors. Auffi doit-il, comme tous les anciens Philofophes, confulter toujours fon génie fecret. C'eft la Nymphe de Numa, le Démon de Socrate, l'Efprit illuminant des Quakers. Il faut l'écouter perpétuellement, & quand il infpire, parler (47). Lorfqu'on s'eft habitué de bonne heure à n'être animé que par le bien public, il eft impoffible que ces infpirations trompent, ou qu'elles né foient pas utiles au Public.

Avec un pareil caractere, il eft impoffible encore d'être modéré, à la vue d'un fpectacle qui bouleverfe toute la machine, à la vue des abus & des calamités univerfelles.

---

(47) Les Grands Hommes qui tous ont été animés d'un pareil efprit, fe font toujours trouvé mal de ne l'avoir pas faifi & de lui avoir préféré des confeils étrangers. Je ne citerai qu'un feul exemple, celui d'Hamden, l'ami de Sidney. Accufé du même crime que lui, il vouloir mourir comme lui, fes amis l'en diffuaderent & le forcerent à fe jetter à la merci de Jacques; il le fit, obtint la vie, c'eft-à-dire, un fupplice pire que la mort, car pendant dix ans, il fe reprocha tous les jours cette foibleffe, & ne termina fon tourment qu'en fe tuant.

La plupart de nos Écrivains portent de la modération jusques dans ces peintures douloureuses. Ils sont polis & doucereux même à l'égard des oppresseurs & des méchans, parce qu'ils n'ont ni caractere, ni chaleur (48). En voulez-vous savoir la cause ? Elle est, indépendamment de quelques causes générales que je ne puis détailler ici, dans leur genre de vie. Observez en effet comment se forme un caractere énergique, puis jettez un coup-d'œil sur la vie de nos Écrivains.

Ce caractere est le résultat d'une habitude continuelle de grands sentimens, d'une indignation habituelle excitée par le spectacle de l'oppression, d'une méditation constante qui arrache l'ame aux

---

(48) Il faut rendre justice cependant à quelques Ecrivains qui dans ces derniers tems ont défendu avec énergie les droits de l'homme en général. Cette énergie a même pénétré jusques dans le Barreau, & cette année a vu paroître des Mémoires vigoureux en faveur de l'innocence injustement opprimée. Leurs Auteurs ne se font point bornés à la défense de leurs Cliens; ils se font élevés à des vues générales sur la liberté, sur le contrat social, sur les devoirs du Gouvernement, sur les fautes des Ministres, sur les iniquités des subalternes toujours plus durs & plus oppresseurs que leurs maîtres. Parmi ces Mémoires on distingue ceux de M. Thilorier, & celui que M. Lacretelle vient de publier pour l'infortuné Comte de Sanois.

çaufes extérieures de l'engourdiffement & de l'é-
thifie générale ; en un mot, ce caractere eft le
réfultat de la communication perpétuelle de l'homme
avec foi ou avec de grands objets.

- Mais ces habitudes, combien peu les ont l Et
cette méditation, peut-on s'y livrer dans la dif-
fipation & le tourbillon des Capitales ? Et c'eft
dans les Capitales que viennent fe polir, c'eft-à-
-dire, s'effacer tous les talens originaux & nerveux.
Ils fe répandent dans les Sociétés, communiquent
fans précaution les uns avec les autres, communiquent avec des êtres plus foibles qu'eux, & fe
dégradent. Par intérêt, par habitude, on s'accoutume à louer tout ce qui paroît dans fes Sociétés.
On trompe donc le Public ; mais le Public vaut-
il la peine qu'on l'éclaire ? Il faut vivre, & pour
vivre, être en paix avec tout le monde. Avec un
pareil fyftême, on n'a bientôt plus ni liberté, ni
indépendance, ni caractere, & on ne facrifie à
la vérité que fuivant les convenances.

Vous me direz que tout cela a été imprimé vingt
fois ; je le veux ; cela a été vingt fois vrai, l'eft
encore la vingt-unieme ; & il eft encore néceffaire
de le répéter, puifque le mal fubfifte toujours. Il
eft encore vrai de dire qu'il ne faut attendre la
vérité, le bien, les réformes que de l'homme qui
fe voue à la folitude & à l'obfcurité, parce que
c'eft dans la folitude que fe forment les idées
fortes, les volontés fortes, les grands caracteres,

& de cet homme il ne faut attendre qu'un ton
agreſte, qu'une cenſure ſévere, ſévérité cependant
qui n'exclut point la bonté ni l'aménité. Il faut
que l'homme de Lettres, en voyant ſon frere, lui
ſerre la main, le chériſſe, l'aide au beſoin, l'ap-
plaudiſſe quand il le mérite; mais il faut auſſi
qu'il puiſſe le combattre ouvertement, franche-
ment, vigoureuſement, s'il tombe dans des erreurs. C'eſt ainſi qu'en agiſſent en Angleterre & _
de nos jours, Price & Prieſtley, Kirwan & Ca-
vendish. Ils ſont amis *juſqu'à la vérité*. C'eſt ainſi
que le Patriote Jebb agiſſoit avec le fameux Fox.
Lié dans l'intérieur avec lui, il le combattoit avec
force dans toutes les Aſſemblées publiques & dans
tous ſes écrits.

Tels ſont les exemples que je me ſuis propoſé
d'imiter; j'ai, toutes les fois que l'occaſion s'en
eſt offerte, rendu hommage à votre utile Traité
de la Félicité publique. On ne peut donc me
ſoupçonner de prévention, quand j'attaque vos
Diatribes contre les Quakers, les Negres & la
dignité de l'homme. Elles ont excité dans moi de
l'indignation, de la douleur. Je me ſuis exprimé,
comme j'ai ſenti; ſi la force du ſentiment m'a
quelquefois entraîné trop loin, accuſez-en la
grandeur de mon objet, & ne me prêtez point
l'envie de vous offenſer; elle a toujours été & ſera
toujours loin de moi.

En cenſurant fortement ce qui m'a paru con-

damnable dans vos Voyages, & pouvoir entraîner
des fuites funeftes, je n'en rends pas moins juftice aux recherches intéreffantes, aux éloges vrais
& bien fentis que vous avez faits des perfonnages
célebres qui ont contribué à rendre à l'Amérique fa
liberté. Il n'eft point de François, point d'Américain
fans doute qui ne relife avec plaifir les portraits
de Washington (49), du favant M. Jefferfon, & de
ce jeune & brave François que vous caractérifez
fi bien comme l'efpérance de notre Nation, *fpes
altera Romæ,* dont le nom fera cité à jamais à
côté de celui de fon pere, de fon ami Washington, dans les Annales des Etats-Unis. Ces morceaux, & quelques autres prefqu'auffi intéreffans
fur les Généraux Américains, joints à des anecdotes qui caractérifent cette guerre, purgés de
détails inutiles, d'hiftoriettes fcandaleufes, d'épigrammes, de calembours, d'idées fauffes, for-
meroient un volume précieux pour l'Hiftoire des
États-Unis. Les amis de la liberté, de l'humanité,
s'uniront fans doute à moi pour vous encourager
à nous donner cet Ouvrage. *Ex fumo dare lucem,*
voilà ce que vous devez faire; voilà ce qui peut
être utile & honorable.

Paris, ce premier Juillet 1786.

(49) Je regrette cependant de voir dans ce mor-
ceau, un air de prétention & d'apprêt qui refroidit
l'enthoufiafme qu'il devroit infpirer.

POST-SCRIPTUM.

J'AVOIS fini cette Lettre, lorſqu'un ami m'a communiqué l'extrait de vos Voyages inſéré dans le Mercure du premier Juillet. Le paſſage ſuivant, où il eſt queſtion des Quakers, m'a ſur-tout frappé. « Un entretien avec *un* M. Bénézet, donne occa-
» ſion à l'Auteur de parler des Quakers. Quel-
» ques perſonnes penſent qu'il ne leur rend pas
» juſtice. Nous doutons auſſi que les reproches
» qu'il leur fait puiſſent être généralement méri-
» tés. Les principes religieux de ces *gens-là* ne
» les conduiſent pas à avoir une mauvaiſe mo-
» rale, & il paroît difficile que la leur diffère du reſte de leurs Concitoyens, &c. &c. »

Je ne connois pas l'Auteur de cet Extrait. Quel qu'il ſoit, il eſt inconcevable qu'il ſe ſoit pérmis de parler avec ce ton de mépris de M. Bénézet & des Quakers. Ignore-t-il que l'article *un* mis devant un nom propre, ne s'applique ainſi dans notre langue & dans nos uſages qu'à un homme mépriſable ? Ignore-t-il que l'expreſſion, *ces gens-là*, eſt une inſulte, qui confond une Secte, une Société d'hommes eſtimables avec ce que nous appellons la canaille ? Et s'il n'ignore pas ces uſages, comment ce Journaliſte a-t-il oſé les employer, pour déſigner un homme & une

Société respectables ? Quel est l'individu dans notre
Europe, de quelque rang, de quelque naissance
qu'il soit, dont Bénézet ne soit pas plus que
l'égal, qui ne soit pas obligé de le respecter ?
Les Auteurs seront-ils donc toujours enchaînés
par les préjugés de la Société ? Ne sauront-ils jamais que la Nature a créé tous les hommes égaux,
& que deux choses seules rompent cette égalité,
les vertus & les lumieres ? Or quel homme eut
plus de vertus que Bénézet ? Quel homme fut plus
utile à la Société, à l'humanité ? Quel Auteur,
quel-Grand Seigneur aura jamais son cercueil suivi
de quatre cens Negres, arrachés par ses soins &
sa générosité à la servitude, à la misere, à l'i-
gnorance ? Quel homme a donc le droit de parler avec un ton hautain de ce Bienfaiteur des
hommes !

Quant aux Quakers, si on a bien lu le Précis
que j'ai donné de leurs principes religieux, politiques & moraux, ne doit-on pas être indigné de
les entendre désigner par le nom avilissant, *ces
gens-là ?* N'honorera-t-on donc jamais que les
titres, que les dignités, que le brillant ? Et les
Auteurs conspireront-ils toujours avec les Aristo-
crates, pour mettre au-dessous des titres les vertus simples & modestes qui sont cent fois au-
dessus ?

En relisant votre passage contre les Quakers,
Monsieur, je vois avec peine que vous avez non-

feulement employé un femblable article de mépris
à l'égard. de Bénézet, mais même que vous avez
affecté de le tutoyer dans la converfation. Per-,
mettez-moi de vous faire fur ce tutoiement une
remarque qui m'a échappé. Il eft de principe chez,
les Quakers de rejetter toutes ces formules inventées par la vanité ou la baffeffe ; ils ne voient
chez les hommes aucune dignité *naturelle* qui au-
torife un langage différent pour les uns de celui
qu'on emploie pour les autres. L'habitude de dire
vous, de parler au plurier en converfation avec
une feule perfonne, leur paroît d'ailleurs une,
abfurdité, un menfonge. Qu'ils aient tort ou
raifon, toujours eft-il vrai que le tutoiement
ne fauroit être de leur part une efpece de
rufticité. C'eft ainfi qu'ils fe parlent entr'eux,
quels que foient leurs rapports ; c'eft ainfi qu'ils
parlent à tout le monde. Mais il ne s'enfuit pas que
ceux qui ne font pas de leur Secte, qui n'ont ni
leurs principes, ni leur maniere de voir, doivent
les tutoyer. C'eft alors chez ces derniers une véritable impoliteffe, une familiarité déplacée. Le
tutoiement des Quakers n'eft point une familiarité;
ils favent très-bien conferver, fans ceffer de tutoyer, les égards dus au mérite, à l'âge, à l'autorité,
fur-tout, & ils fe tiennent à l'égard des Étrangers
dans une décente réferve. Il n'arrive jamais à un,
Quaker de demander qu'on le tutoie. Ils font,
comme les autres hommes, fenfibles aux procédés,

honnêtes , & ils ne prennent point le change
fur le motif qui leur fait rendre le tutoiement par
des perſonnes , dans les mœurs & les principes
deſquelles cette maniere de parler n'eſt point. Ils
y voient ou une familiarité déplacée , ou le faux
jugement de l'ignorance qui ne fait pas expliquer
leurs uſages , & croit les flatter en ſe conformant
au moins important de tous , ou bien , & c'eſt
le plus ſouvent , une petiteſſe de l'amour-propre
choqué d'un uſage , nul par rapport aux égards ,
dès qu'il eſt général & fondé fur une opinion in-
dépendante des perſonnes. En un mot , ils ſavent
que parmi eux le tutoiement n'eſt point mépris ,
& qu'il l'eſt chez les autres , toutes les fois qu'il
n'eſt pas diĉté par l'amitié ou la paternité.

- Il y a dans l'Extrait du Mercure dont je vous
ai parlé , Monſieur , une abſurdité que je dois
encore remarquer. L'Auteur doute de la vérité des
reproches que vous faites aux Quakers , parce que ,
dit-il , *leurs principes religieux ne les conduiſent*
point à une mauvaiſe morale. Comme s'il exiſtoit
une ſeule Religion qui conduiſît à une mauvaiſe
morale ! Comme ſi parce qu'une Seĉte a de bons
principes religieux , tous ſes Membres duſſent être
néceſſairement d'honnêtes gens ! Comme ſi l'on
n'avoit jamais vu de Proteſtans & de Catholiques
fripons , quoique leurs principes n'enſeignent pas
la friponnerie ! Pitoyable raiſon ! Foible juſtifica-
tion ! propre à confirmer le Public dans l'idée que

vous donnez des Quakers, & qui femble décéler que le timide ou complaifant Auteur de cet article n'a pas ofé l'attaquer.

Eft-ce donc ainfi que doit écrire un homme de Lettres qui fe charge de faire au Public le rapport d'un Livre ? Ne doit-il pas poffédér à fonds la matiere dont il traite ? Et pour revenir aux Quakers, puifque le Journalifte vouloit prononcer entr'eux & vous, ne devoit-il pas connoître l'apologie de Barclay, tous les Ouvrages publiés en leur faveur, & fur-tout les Lettres de M. de Crevecœur ? Ou s'il les ignoroit, ne devoit-il pas faire l'aveu de fon ignorance, & s'abftenir de juger.

Si je voulois difcuter la plupart des articles de cet Extrait, je pourrois prouver qu'ils offrent prefque tous le même caractere de légereté, d'ignorance & d'adulation. On y loue tout jufqu'à la Table des Matieres, probablement parce que les dîners & foupers y font fidelement enregiftrés, & on n'a pas le courage de critiquer un feul fait, une feule idée (50).

_____

(50) Comment n'a-t-il pas remarqué, par exemple, la légereté avec laquelle vous prodiguez & fouvent mal-à-propos les termes de mépris ? Je n'en citerai qu'un exemple. Trois fois le mot de *bavard* vous eft échappé, & trois fois il eft injuftement appliqué. Vous l'appliquez à un brave Chapelier qui, pour dé-

Il faut convenir qu'en France, les gens de qualité & les hommes à grande réputation ont un triste privilege, celui de ne recevoir que de l'encens. Comme la critique n'y est jamais bien libre à leur égard, cet encens n'est jamais pur ; & la chûte de leurs Ouvrages si fastueusement prônés, leur prouve tôt ou tard que pour parvenir à la postérité, ou même être estimé de son siecle, il faut d'autres titres qu'un jugement arraché par des considérations à la bassesse.

Je veux vous donner, Monsieur, un échantillon de la pusillanimité des Gens de Lettres, d'un ordre

fendre sa liberté, quitte son état, fait 490 milles à pied pour rejoindre l'armée Américaine, s'y distingue par une belle action. Il vous la raconte naïvement, & vous l'en punissez en le fletrissant publiquement des noms de capitan & de bavard. Vous appliquez encore cette épithete à un Capitaine respectable qui prenoit soin d'un pauvre vieillard, arraché à la dent d'une chienne en fureur, Capitaine dont les vertus auroient dû rendre excusable à vos yeux ce défaut, quand il l'auroit eu, ce qui ne paroît pas. Enfin vous l'appliquez à cette bonne Américaine qui recueillit chez elle cette fille infortunée dont vous auriez dû taire l'histoire, & cette prétendue bavarde ne répond à vos questions, qu'en vous observant qu'il seroit trop long de vous raconter cette histoire. Combien d'autres remarques semblables j'aurois pu faire ! Mais il a fallu les sacrifier aux grandes vérités qu'il falloit défendre.

inférieur à l'égard des Auteurs qualifiés. Ce trait vous regarde.

Dans une maison où l'on parloit de vos Voyages, un homme de Lettres rapportoit que, dînant avec vous, il avoit cru s'appercevoir que vous lui faisiez froide mine, qu'il en avoit demandé la cause à son voisin, qui lui répondit : M. le Marquis de Ch.... vous croit l'Auteur d'un article publié contre ses Voyages dans la Correspondance Littéraire secrete. On lui a dit que vous y travaillez. — Au nom de Dieu, désabusez-le bien vîte ; je n'y travaille point, je n'ai point fait cet article.... Eh ! pourquoi vous en défendre si chaudement, lui dis-je moi-même ? L'Ouvrage mérite peut-être la critique. — Cela se peut, reprit mon homme ; mais je ne veux point attaquer M. de Ch.... Il parle à M. de M.... qui parle à.... Je serois perdu, j'ai femme & enfans. — Eh bien ! Monsieur, répartis-je, je suis pere, époux, comme vous, je critiquerai ces Voyages, & je mettrai mon nom. J'ai assez bonne idée de M. le Marquis de Ch.... pour croire que s'il s'élevoit une persécution, ce qu'il est absurde & outrageant pour les personnes que vous nommez d'imaginer, il seroit le premier à me défendre. Et effectivement je crois que tout homme qui pense & qui se respecte, doit être sur l'article des discussions publiques de l'avis de Licurgue. Ce passage de Plutarque est trop frappant, & vous aimez trop l'antiquité pour que je ne le cite pas en entier.

« Celui qui établit les Loix de Lacédémone,
» mêla parmi le Gouvernement de la chofe pu-
» plique, l'ambition & la jaloufie entre les Ci-
» toyens comme un aiguillon de la vertu, vou-
» lant que les gens de bien euffent toujours quel-
» que chofe à démêler, & à débattre les uns
» contre les autres, eftimant que cette lâche &
» pareffeufe grace par laquelle les hommes s'en-
» trecedent & s'entrepardonnent les uns aux au-
» tres, eft à fauffes enfeignes appellée concorde.
» Et cuident aucuns que certainement Homere
» eut cette opinion, pour ce qu'il n'eût pas au-
» trement fait Agamemnon fe réjouiffant de voir
» Ulyffes & Achilles quereller à groffes paroles
» enfemble, s'il n'eût eftimé que le débat &
» l'envie entre les principaux hommes, qui fait
» qu'ils ont l'œil l'un fur l'autre, tournât au
» grand bien de la chofe publique, &c. &c. »
Plutarque, Traduct. d'Amyot. Vie d'Agéfilaüs.

Paris, ce 20 Juillet 1786.

F I N.

CPSIA information can be obtained
at www.ICGtesting.com
Printed in the USA
BVOW06s1002250617
487767BV00021B/419/P